中原 淳 著
葛城かえで シナリオ制作
柾 朱鷺 作画

マンガでやさしくわかる 部下の育て方

How to guide and train your staff.

JN216571

日本能率協会マネジメントセンター

はじめに

「マネジャーになったものの、部下育成の方法がわからない」
「部下にどうやって仕事を任せればいいのかわからない」

初めて部下を持ったとき、誰もがこんな悩みを持つものです。何十人もの部下を抱える部長であっても、数人程度の小さなチームであっても、たとえ部下が1歳下の後輩1人であっても、「人にまつわる悩み」には共通点が多いものです。

このように申し上げても、

「いや、うちの会社は特殊だから、ちょっと他のやり方は通用しないよ」
「うちの部署は特殊な人材ばかりだから、一般的な方法や事例では役に立たないよ」

という方もいらっしゃるかもしれません。

しかし、年間に数百名の現場管理職の方々とお会いしている私からすると、おおよそ「人にまつわる悩みや苦労」は「似通ったもの」ばかりです。もちろん、特殊な部分もありますが、「人が人で苦労する部分」というのは、それほど変わらないというのが実感です。

一般に「部下を持つ」ということは、「自分で動き、自分で成果を出す」働き方から、まったく異なる「他人を動かし職場の成果を出させる」働き方にシフトチェンジするということです。それは、まさに「ゼロからのスタート」であり、「生まれ変わり」に等しいほどの大変化です。

それほどまでの大きな変化であるにも関わらず、多くの人は「部下の育て方」について、何も教わることなく、現場に放り出されます。自らの経験から「部下は現場で自然に育つもの」「仕事はやりながら覚えるもの」だと思いこんでいる方もいらっしゃいます。

しかし、実際に「他人を動かし成果を出させる」ことは、一筋縄ではいきません。他人は自分のようには動いてくれないのです。なぜなら「他人」は「自分」ではないからであり、自分と他人は違うからです。ゆえに他人である部下を「動かすこと」や「育てること」をなすためには、「スキル」が必要です。

じつは多くの人が「部下の育て方」に悩んでいるからこそ、多くの研究者がこの分野についての研究を行っています。そして、どうやら「部下の育て方」には、ある一定のやり方、セオリーがあるようだ、ということがわかってきています。もちろん、人も環境も異なりますので、現場に合わせた工夫は必要ですが、このセオリーを知っておけば、何から手をつければいいのかがわかるはずです。

本書では、部下を育てるための「仕事の任せ方」4つのステップを紹介します。仕事の任せ方のスキルをマンガのストーリーを通して学べる仕組みとなっています。

部下育成は、簡単なことではありませんが、原理原則は難しいものではありません。部下に成長してほしい、いきいきとしたチームをつくりたい、という思いさえあれば、乗り越えられない課題ではないと思います。そして、部下を育成することは、管理職としての自分も成長することです。

みなさんもぜひ本書の主人公の麻里奈とともに、「部下の育て方」を学び、生き生きと働き、成果を上げるチームをつくっていきませんか?

本書を、これからのリーダー、明日の管理職の皆様にささげます。

中原　淳

マンガでやさしくわかる部下の育て方　目次

Prologue

部下を育てるための「仕事の任せ方」4つのステップ

マネジャーがこんなにも思い通りにならないものだとは思わなかった

Part 1

観察する

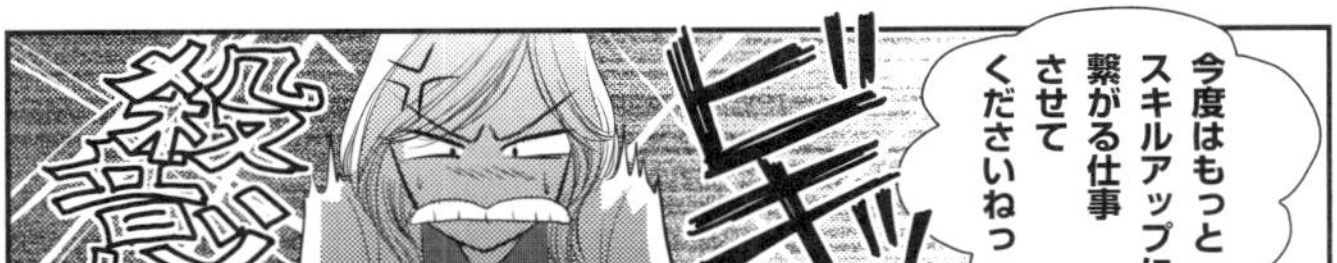

今度はもっと
スキルアップに
繋がる仕事
させて
くださいねっ
ビキッ
殺意

Part 2

契約する（目標にコミットさせる）

Part 3

振り返り（リフレクション）

仕事を振れば問題なかった
ちょっと冷静になれば緊急事態が起こることは考えられたし
結果的にメンバーたちに負担をかけてしまいました

Part 4

フィードバック

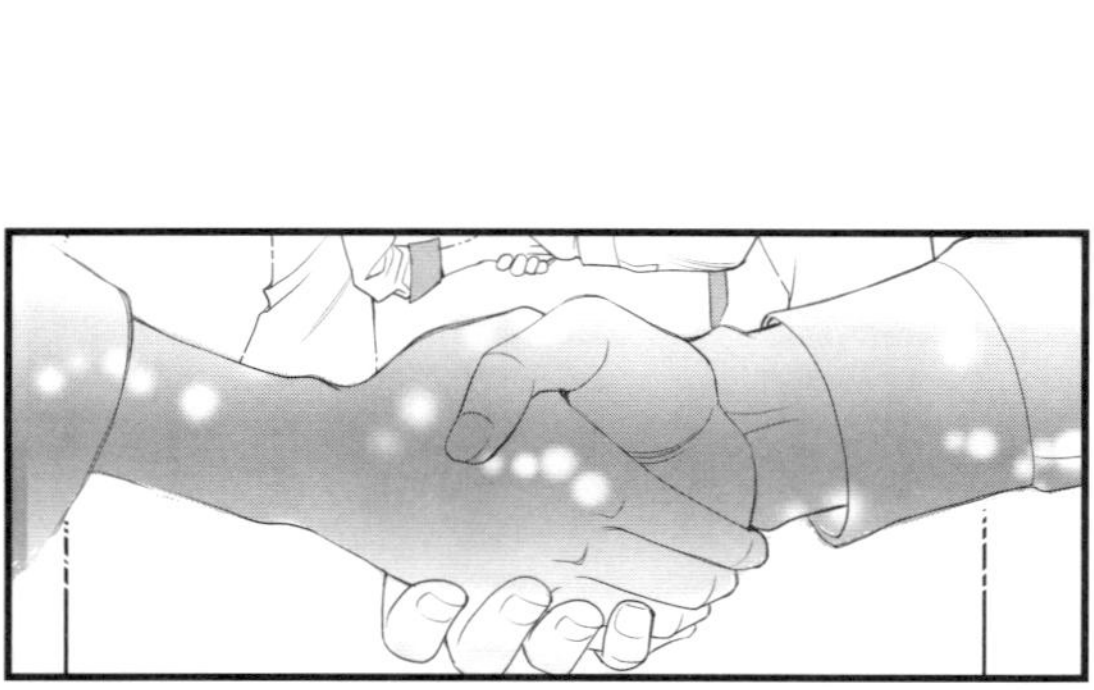

Prologue

部下を育てるための「仕事の任せ方」4つのステップ

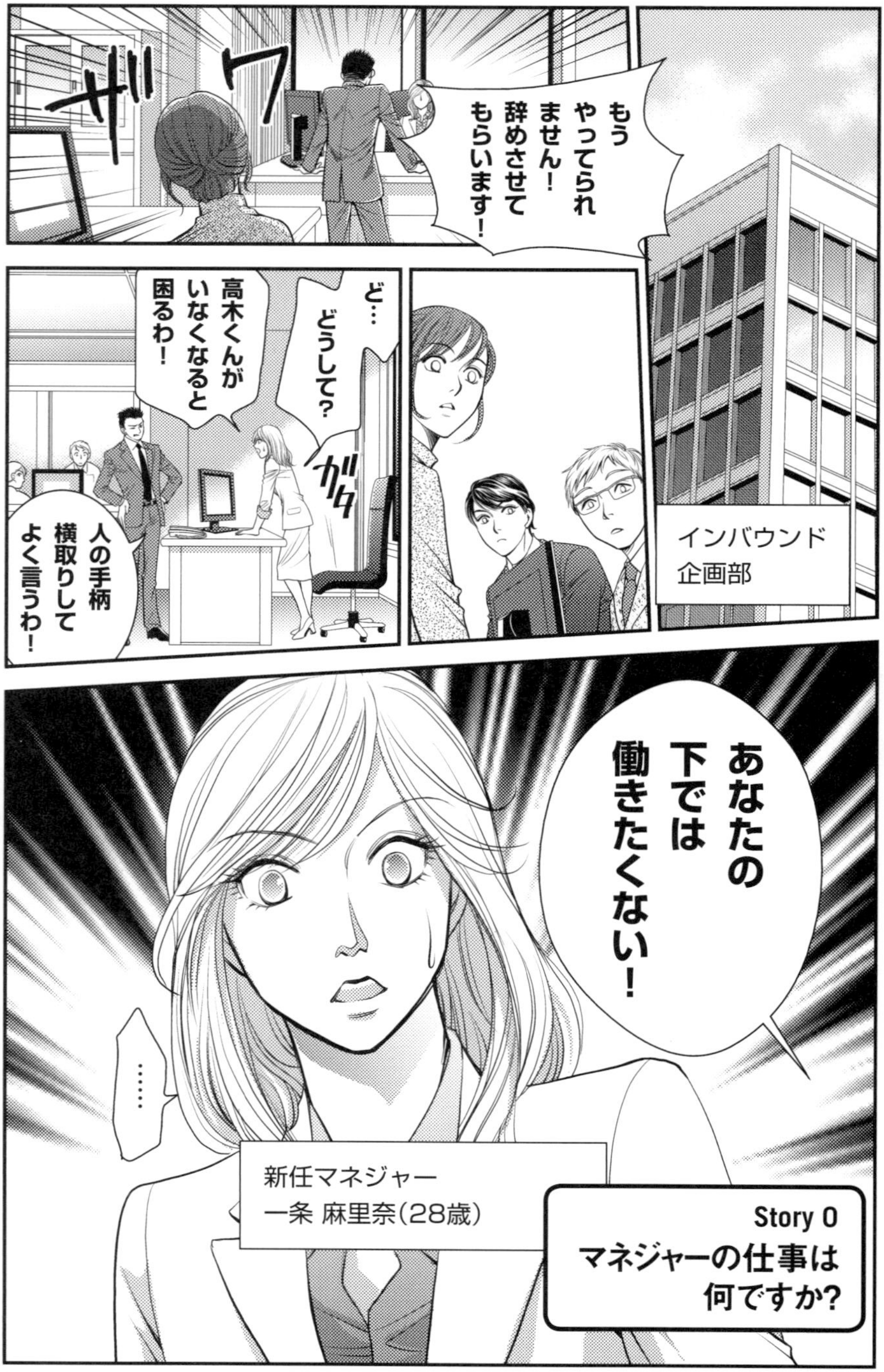
インバウンド
企画部
もうやってられません！辞めさせてもらいます！
ザワ
ど…どうして？
ガタ
高木くんがいなくなると困るわ！
人の手柄横取りしてよく言うわ！
あなたの下では働きたくない！
……
新任マネジャー
一条 麻里奈（28歳）
Story 0
マネジャーの仕事は何ですか？

珈琲館
珈琲館
それは災難だったわね
これだから若い人は困るのよ
ちょっと不満があるとすぐに辞めてしまうんだもん
ズッ
ズッ
そもそも何が不満なの？手柄って何？
同期　青柳瑞江
知らないわよ
高木くんが大変そうだったから手伝ってあげてただけなのに
恩を仇で返されてひどい仕打ちよ
せっかく助けてあげたのに
ズ…
大丈夫なの？
けど…高木くんはチームのエースなんでしょ？
もちろんよ
チームにはまだ優秀な人材が揃ってるから
ガチャ
優秀？
誰が？
……

そりゃ仙石くんだって契約社員なのに黙々と自分の仕事してくれるし
契約社員
仙石 雄馬(27)
百田さんだってワーキングママだけど責任感強くて毎日ギリギリまでやってくれてるし
時間がないの早くして下さい
ワーキングママ
百田 和枝(31)
数野くんは若いのに色々と斬新な意見を言ってくれる
アグリーです
新人
数野 豊(23)
それって言い換えれば
ズズー…
仙石くんは受け身で与えられた仕事しかできない
百田さんは就業時間が決まっているからできる仕事が限られる
数野くんはまだ若くて無駄なことばかりするってことでしょ
次は何をすれば…
お先です!
その仕事は僕に合ってないな
ひぃぃぃぃ~…
やめてぇ
本当のこと言わないでぇ
うう…
麻里奈も大変ねせっかく念願のマネジャーに昇格したのにね
……

マネジャーがこんなにも思い通りにならないものだとは思わなかった
もっと権限があってやりたいことができると思ってた
ズー
なのに部下のメンタルケアやトラブルの処理上からのプレッシャー
雑用ばっかり
良いリーダーになるため勉強したのになぁ
どっさり
部下の扱い方
こんなに…
うちはレストラン紹介サイトでしょ
契約店舗にアドバイスできれば喜んでくれると思って
あんた…本当にがんばるわね…
気晴らしにご飯でも行く？
ダメこれから料理教室いかないと
料理教室？
じゃ
がんばってぇ

料理教室
ガヤ
ガヤ
ワイ
ワイ
ジャアア
ジャアアア…
こんな状態で　私…本当にやっていけるのかな…
一条くん
外国人旅行者向けのサイトを作ることになってね
それを君に仕切ってほしいんだ
私がですか
英語が得意な君ならバッチリだということになってね
営業成績も文句なしだしよろしくな
はい！頑張ります

じゃあああぁぁ
夢いっぱいで管理職になったのに
面倒なことばかり
このまま私に務まるのかしら…
あの…
ピクッ
揚げ過ぎじゃない？
三鷹 蒼汰(35)
!
じゃあああぁ…
わぁ す…すみません
考え事してて
まっくろ
ボロッ…
ズーン
ヒドイ…
もらっていいかな
スッ

ポリボリボリ
あ…
無理して食べなくていいですよ
僕よりは上手だから
わ…
炭だ…
ダメだ口の中をヤケドしたかも…
ぎゃあああ
口の中大丈夫ですか？
美味しかったよ
一条さんはお仕事は何をなされているんですか？
めしログで働いているんです
めしログ
へぇ！よく利用しますよ

お料理を習っているのもそのせいなんだね
まぁそうなんですが…
はぁ…
何かあったの？
え…
さっきも料理しながらボーっとしてたし
話聞くよ
いえいえ初めてお会いする方に話す内容じゃないんで
部下に手を焼いているとか？
！
ドキッ
どうしてわかるんですか？
人事系のシンクタンクで研究職をしているものですから
だいたい察しがつくんですよ
す…凄いですね
ウソ
は…

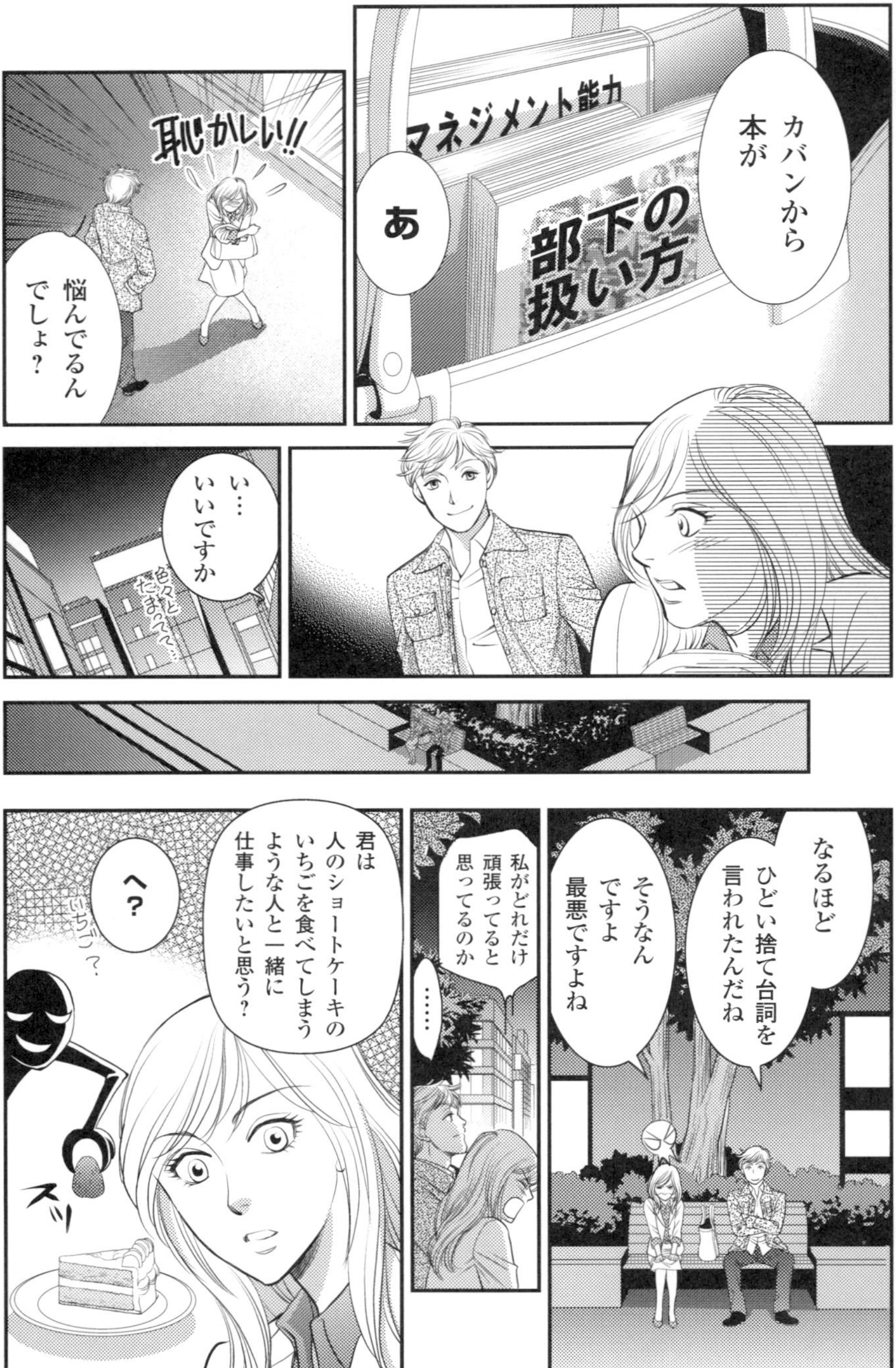
カバンから本が
マネジメント能力
部下の扱い方
あ
悩んでるんでしょ?
恥かしい!!
い…いいですか
色々とたまってて…
なるほど
ひどい捨て台詞を言われたんだね
そうなんですよ
最悪ですよね
私がどれだけ頑張ってると思ってるのか
……
君は人のショートケーキのいちごを食べてしまうような人と一緒に仕事したいと思う?
へ?
いちご?
スッ

どういうことですか？
一生懸命頑張って業績上げたのに上司にいいところをもっていかれてしまう…みたいな
お前の成果はオレのもの
オレの成果はオレのもの
え
こんな経験したことないかな？
そんなこと山ほどありますよ
君は今それをしてしまっているんだ
え…
部下の成果を横取りしている 少なくとも彼はそう感じたんだろう
そんなことしていませんよ
手伝っただけですよ！
世の中の多くのマネジャーはそう言って自分のしたことに気づいていない
！

しっ…失礼な!
帰りますっ
あ
部下の扱い方
もう最悪!
初めてマネジャーになるとその現実に驚くことになる
ヒト・モノ・カネあらゆる武器があると思ってたら
じつは手元には仕事と言葉しかない
部下の扱い方
だったらマネジャーの仕事って何ですか?

マネジャーの仕事は任せることだけだ
任せる?
仕事の任せ方のスキルを手に入れることができれば
君は一流のマネジャーになれる!
①観　察
②目標契約
③振り返り
④フィードバック
こんなもの常に持ち歩いてるんですか?
色々と便利なんだ

マネジャーとは、何をする人なのか？

01

主人公の一条麻里奈は新任マネジャー。営業で常にトップの成績を保ってきた彼女は、「マネジャーになれば、権限を生かして自分のやりたいことができるはず」と張り切ってマネジメントに取り組んでいました。しかし、

マネジャーがこんなにも思い通りにならないものだとは思わなかった

自ら動き過ぎてしまった結果、部下の成果を横取りしたような形となり、一番優秀だった部下が会社を退職。マネジャーとしての自信を失い、悩んでいる様子です。

このように、成果を認められてマネジャーに昇進したものの、仕事がうまくいかなくなり、自信を喪失するなど不安や悩みを抱える人は少なくありません。

公益財団法人日本生産性本部と東京大学・中原淳研究室が行った調査では、**「新任マネ**

ジャーの約3割が、何らかの形でプレイヤーからマネジャーの移行（生まれ変わり）につまずいてしまい、成果をなかなか出すことができていない」ということがわかっています[※1]。

これまでのプレイヤーとしての成果が認められ、何人もの部下を従えるマネジャーに昇進し、意気揚々と仕事にかかろうとしてみたものの、何をどうやったらいいのかわからないまま、役員や部長、他部門との折衝から部下の管理、育成など、押し寄せてくる大小さまざまな仕事に忙殺される日々。成果に対する大きなプレッシャーを感じつつ、思うように動いてくれない部下と格闘し、最後は自分一人で奔走する羽目に陥り、自信を無くし疲弊していく……。そんな事例は珍しいものではありません。

その原因の一つは、そもそも「マネジャーとは何をする人なのか？」という本質を知ることがないままに、ある日突然マネジャーになってしまうところにあります。

「マネジャーとは何をする人なのか？」という問いは、じつはかなりの難問です。おそらく、「マネジャーは部下の評価をする管理職です」「マネジャーは部下が仕事をさぼらないよう監督する人です」「マネジャーは部下に仕事を教える人です」「マネジャーはいざというとき責任を取る店長のことです」など、人によって多種多様な答えが返ってくることでしょう。多くのマネジャーが、この質問に対する明確な答えを持たぬまま、ある日突然、

※1　中原淳（2014）『駆け出しマネジャーの成長論　7つの挑戦課題を「科学」する』中公新書ラクレ

マネジャーとなり、主人公の麻里奈と同様、何をしていいのかわからず、現場で悪戦苦闘することになります。

⇩ マネジャーとは「他者を動かして成果を出す人」

ではそもそも、マネジャーとは何をする人なのでしょうか？　学問的にもさまざまな答えがありますが、わかりやすい答えの一つに、**マネジャーとは「他者を動かして成果を出す人のことである（Getting things done through others）」**という定義があります。本書では、この定義を採用したいと思います。

マネジャーになるということは、**自分で動き、自分で成果を出す1プレイヤー**だった人が、**自らが動くのではなく、仕事を自分以外**

●マネジャーの定義

「他者を動かして成果を出す人」
（Getting things done through others）

Getting things done
（物事を成し遂げる）

＋

through others
（他者を通じて）

Koontz&O'Donnell 1976

の他者に任せて動かし、チーム全体で成果を出す人へと、役割を転換することです。しかも、動かす他者は、部下だけではありません。場合によっては、マネジャー自身の上司や他部門のマネジャー、経営者などともコミュニケーションを取りながら、こうした人たちをも動かして、チームの成果を上げなくてはならないのです。

現役時代に大活躍したスター選手だからといって、引退してすぐに名監督になることはできないのと同じように、プレイヤーとして優秀だったからといって、すぐに優秀なマネジャーになることはできません。マネジャーは、プレイヤーの延長線上にあるわけではないのです。むしろ**マネジャーになるとは、優秀なソロプレイヤーからマネジャー初心者への生まれ変わり**といっていいほどの大変化であり、大きな挑戦課題なのです。

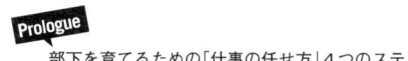

マネジャーになったばかりの時期は、昇進して嬉しいというポジティブな気持ちと共に、できるかどうか不安になったり、現場から離れる寂しさを感じるなど、ネガティブな気持ちも湧いてきます。また、頭ではわかっていても、そう簡単に、今までの仕事のやり方を変えることはできません。

ある新任マネジャーは、プレイヤー気分が抜けず、チームの成果を上げようと一人で頑張ってしまい、部下から「課長はいつも、最後は自分で全部巻き取っちゃうじゃないですか？　僕らの存在価値って何ですか？」という言葉を投げかけられ、はっとしたと話してくれました。また、別のマネジャーは、新任マネジャー時代、自分一人でなんとかプロジェクトを成功させようと突っ走ってしまい、上司から「君は仕事はできるが、人がついてきていない。管理職なのだから、自分が動くのではなく、部下を動かさなければ……。中学生になったのに、小学校七年生をやっているようだ」と手厳しい指摘を受けた、と話していました。

「生まれ変わり」といえるほど、大きな役割の変化なのですから、最初のうちはうまくいかなくても当然です。すぐに成果を出さなければ、と焦らずに、ゼロからスタートする気持ちで「他者を動かして成果を出す」方法を学んでいきましょう。

02 マネジャーになった人が直面する7つの挑戦課題

マネジャーの役割は「他者を動かして成果を出す」ことであり、プレイヤーとはまったく異なる役割を担っていかなければなりません。そこには、マネジャーになった後で克服しなければならない課題があるのです。

では、マネジャーとなった人が直面する新たな壁、挑戦課題とは、どのようなものなのでしょうか？

マネジャーについての調査研究によって浮かび上がってきた「マネジャーの挑戦課題」とは、次の7つです※2。これらの課題がなぜ、難しいのでしょうか。

それは、どの課題も「矛盾」を秘めているからです。どのような課題があり、どのような矛盾を秘めているのか、「マネジャーになった人が直面する7つの挑戦課題」を一緒に見ていきましょう。

1. 部下育成

部下を育てるためには、自分でやればさっさと終わるような仕事でも、あえて部下に任

※2　中原淳（2014）『駆け出しマネジャーの成長論　7つの挑戦課題を「科学」する』中公新書ラクレ

せ、できるようになるまで、支援してあげる必要があります。これがなぜ難しいのかというと、まだ、その仕事ができるかどうかわからないような、危なっかしい人に仕事を任せなくてはならないからです。よちよち歩きの赤ちゃんを見守る親のようなものですね。上手くいかないリスクを抱えた人に敢えて仕事を任せなければならないというのは、なんとも矛盾しています。部下育成は、いつだってリスキーな営みです。

⇩2. 政治交渉

マネジャーは自分の部門、部署を代表して交渉、調整を行い、ヒト・モノ・カネ、さまざまな資源を取ってこなくてはなりません。時には、ライバルでもある他の部門、部署とも協力しあってやっていかなくては仕事が前に進まないこともあります。「社内政治」という言葉もあるように、マネジャーは社内の力関係を意識

●マネジャーになった人が
直面する7つの挑戦課題

1. 部下育成
2. 政治交渉
3. 意思決定
4. 目標咀嚼
5. 多様な人材活用
6. マインド維持
7. プレマネバランス

しながら、押したり引いたり、したたかに立ち回らなくてはならず、いろんな矛盾を抱えざるをえません。

⇩3. 意思決定

意思決定をする上で必要な情報や知識は、現場で仕事にあたっている部下が一番詳しいものです。にも関わらず、現場から遠いマネジャーはリスクやメリット、デメリットを考慮して、部門としての意思決定をしなくてはいけないのです。中には、白黒決められないような、グレーな問題など、難しい判断が迫られる場面も多々あるのですが、その結果に対しては自ら責任を負わなくてはなりません。こちらも、なんとも矛盾しています。

⇩4. 目標咀嚼

目標咀嚼《そしゃく》とは、会社がつくった目標を、部下たちにかみ砕いて説明し、部下たちの納得を得てもらうとともに、会社の戦略を部門の仕事に落とし込み、さらに部下たちに仕事を割り振っていくことです。自分が決めたわけでもなく、必ずしも自分が納得しているとも限らない会社の戦略や目標を、部下が納得できるように説得する、ということに矛盾をかかえがちです。

⇩5. 多様な人材活用

多様な人材活用というのは、マネジャーの仕事を難しくしている現代的な課題のひとつです。職場にいる人がほぼ全員、男性、新卒入社の正社員であった高度成長期のように、似たような属性の人が集まる職場であれば、気心が知れた関係性の中、スムーズに仕事を進めることができたかもしれません。しかし、今は同じ職場に中途採用の社員もいれば、契約、派遣など多様な雇用形態の人が集まっていますし、子育て中のママもいれば、年上の部下も、日本語が不慣れな外国人がいることも珍しくありません。雇用形態も社会的属性も考え方もまったく異なる多様な人たちをまとめて一つの目的に向かっていくことには、さまざまな矛盾や葛藤が生まれがちです。

⇩6. マインド維持

危なっかしい部下を見守りながら仕事を任せるというリスクを取って部下育成をし、社内の政治交渉を行い、現場から離れたところにいながらも、現場を左右するような重要な意思決定を行う。自分でも納得のいかない会社の目標であっても部下に説明して納得してもらい、さまざまなメンバーが集まるチームを一つにまとめていかなくてはならない。こんなにも矛盾だらけで混沌とした仕事を、なんとかやり遂げて成果を上げなくてはならないとなると、考えるだけで心が折れてしまいそうになります。そこをなんとかキレることなく、落ち込むことなく、平穏な心の状態を維持していくこともマネジャーとしての挑戦課題となります。マネジャーは、キレたら負けです。

⇩7．プレマネバランス

今、マネジャー職に就いている人の多くは、自らプレイヤーとしての仕事も抱えながらマネジメントの仕事にあたるプレイングマネジャーです。そして、プレイングマネジャーとして最悪の事態は、このプレイヤーとマネジャーのバランス、プレマネバランスが崩れてしまうことです。もし、１～６の挑戦課題をクリアできなかった場合、部下はまったく動かず、チームは機能しなくなり、「他者を動かして成果を出す」ことができなくなります。すると、その責任はすべてマネジャーにかかってくることになり、マネジャーは自部門の成果を上げるために、プレイヤーとしての仕事ばかりに時間を割くようになります。そして、自分一人で頑張れば頑張るほど、ますますマネジャーとしての仕事ができなくなってしまい、チームとして成果があげられなくなっていく……という悲劇的な矛盾に直面することになってしまうのです。

03 マネジャー初心者が行き詰まってしまうポイントとは

「マネジャーになった人が直面する7つの挑戦課題」はいかがだったでしょう。思い当たるところがいくつも出てきたのではないでしょうか。このように、マネジャーになった人が相対するリアリティ（現実）というのは、とにもかくにも「矛盾」に満ちたものです。そこは「白黒がつくわかりやすい世界」ではなく、「グレーな世界」です。

マネジャーの原義である「Manage」という動詞の意味は、もともと**「やりくりすること」**です。現場の課題や矛盾は必ずしも「解決」できるものとは限りません。マネジャーがなすべきことは、この「矛盾」に対して「やりくり」をすることです。それによって、少しでもチームや職場の成果を上げることなのです。プレイヤーからマネジャーに「生まれ変わる」ことの難しさを理解していただけたのではないかと思います。

ちなみに、多くのマネジャーを対象とした調査によって、「マネジャーになった人が直面する7つの挑戦課題」のうち、特に**マネジャー初心者にとって難易度が高く、行き詰まる可能性が高いのは、「目標咀嚼」「部下育成」「プレマネバランス」の3つ**であるということがわかっています。じつはこの3つは密接な関係があります。

まず、**「目標咀嚼」**ですが、マネジャー初心者は、自分自身の目標に向けて実行していくことはできますが、会社の目標、部門としての目標をうまくかみ砕いて部下の目標に落とし込むことには慣れていません。ですが、目標をわかりやすく伝えるということは、仕事を渡す時にとても大切です。「あなたにはこんなお仕事をお任せします。仕事の目的はこれで、それにはこんな意味があるので、ここを目指して、3カ月間でこのやり方でやってください……」などと、**仕事の目的、目標を伝え、腹の底から納得し、ヤル気になってもらわなければ、部下は動かない**からです。

そして、仕事をきちんと任せなければ、**「部下育成」**もうまくいきません。「部下育成」とは、**背伸びや挑戦を含む仕事経験を積んでもらうことで、その人の能力を伸ばすことです**。そもそも、人の能力は「少し難しいかな」と思うようなチャレンジをくり返すことで、高まっていきます。100キロのバーベルを持ち挙げる重量挙げの選手も、いきなり100キロを持ち挙げることはできません。最初は10キロ、次は20キロ……という具合に、筋力トレーニングを行いながら、少しずつ重いものに挑戦していくことで、その能力を高めていきます。仕事も同じで、「少し難しいかな」という程度に難しい課題を与え、それがクリアできるようにマネジャーが支援することで部下の能力は高まっていくのです。

しかし、「目標咀嚼」ができておらず、その仕事の目的や、めざす目標についてしっかりと理解し納得していないと、そもそも難しい仕事にチャレンジしようという気になりません。また、任せる仕事の難易度が高すぎてもヤル気を無くしてしまいますし、難易度が低すぎると能力が高まりません。

●マネジャー初心者が行き詰まってしまうポイント

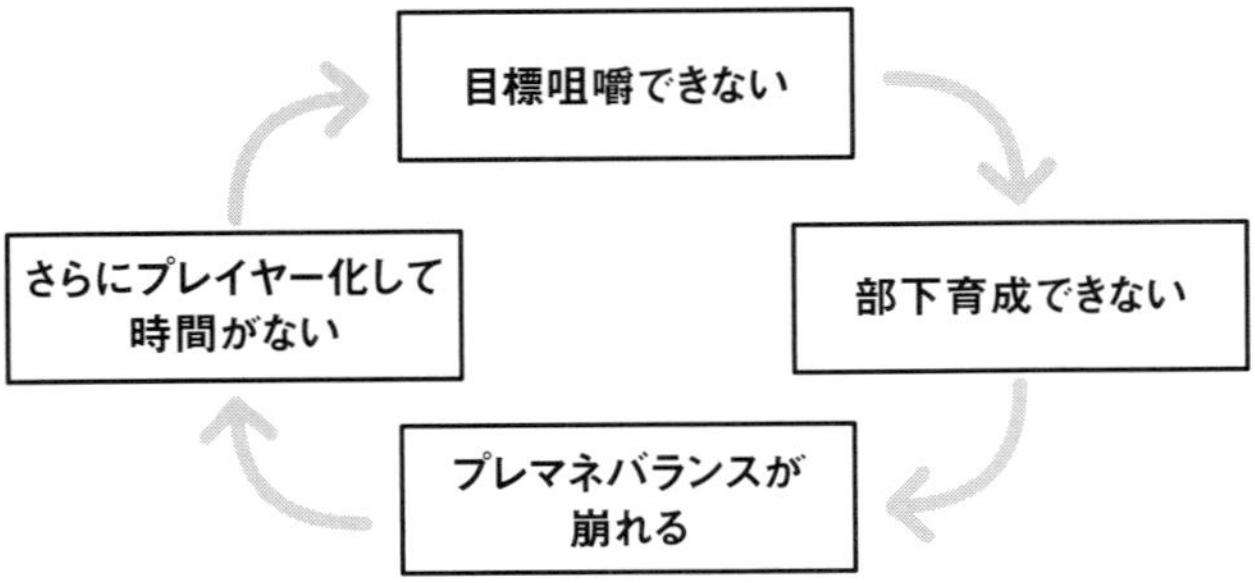
目標咀嚼できない
部下育成できない
プレマネバランスが崩れる
さらにプレイヤー化して時間がない

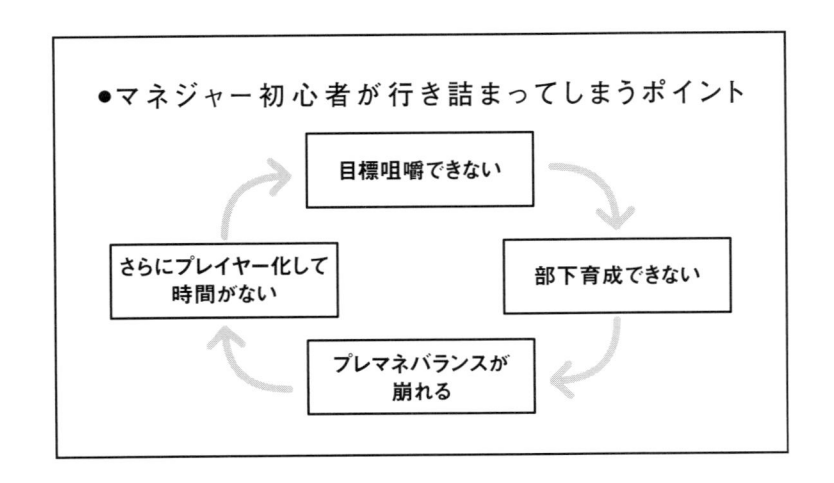

このように「目標咀嚼」と「部下育成」がうまくいかない状況が続くと、崩れてしまうのが**「プレマネバランス」**です。マネジャー初心者は、プレイヤーとして任された仕事をすることは慣れていますが、部下に仕事を任せることには慣れていません。しかし、部下に任せられないでいると、部下は育たず、すべての仕事を自分でやらなくてはならなくなります。そうなると、「プレマネバランス」が崩れ、多忙な割に成果は上がらず、さらにプレイヤー化が加速していくという悪循環に陥ってしまうのです。

04 「仕事の任せ方」は学べる

このような「プレマネバランス」の悪循環サイクルに陥らないために、どうすればいいのでしょうか。それには、先ほど述べた「目標咀嚼」と「部下育成」を徹底するしかありません。「目標咀嚼」と「部下育成」とは、一言で言うと**「部下にうまく仕事を任せる」**ということです。「部下にうまく仕事を任せる」ことで、部下は能力を高めることができ、部下が育てば、マネジャーは自らプレイヤーとして仕事をする必要がなくなるので、もっと多くの時間をマネジャー本来の仕事に割くことができます。つまり、**「部下にうまく仕事を任せる」ことこそが、「他者を動かして成果を出す」ことであり、それ自体が「マネジャーの仕事」**と言っても過言ではないのです。

一般的には、マネジャーになると、一定の権限が与えられ、その中で、予算の配分を行ったり、仕事を進めていく上での意思決定を行ったり、部下を動かしたりと、自分の思う通りに仕事を進めていけるのではないか、というイメージがあります。

しかし実際には、「マネジャーになった人が直面する7つの挑戦課題」にも出てきたように、マネジャーは思うようにならない矛盾を多々抱えた存在です。「ヒト・モノ・カネ」が動かせるといっても、実際はそこに自分の裁量が許される余地はほとんどありません。予算規模は変わらないまま、より高い成果を求められたり、気の合わない部下がいてもすぐに異動させることはできないなど、むしろこちらも矛盾だらけで、マネジャーとしての権限はあくまでも限定的。突き詰めていくと、マネジャーが自由に動かせるものは「どの仕事を誰にどのように任せるのか」という**「仕事の任せ方」**と、「部下にどのような言葉をかけるのか」という**「言葉かけ」**しかない、とも言えます。

ですが、逆に言えば**マネジャーは「仕事の任せ方と言葉かけ」というたった2つの武器だけで、部下を成長させ、成果を上げることもできる存在**でもある、ということです。みなさんも、「あの仕事をさせてもらえたことで大きく成長できた」「あの時に上司からかけてもらった一言のおかげでがんばれた」といった体験が、一度や二度はあるのではないでしょうか。ヒト・モノ・カネのうち、「ヒト」というものは「モノ」や「カネ」と異なり、「振れ幅」の大きなものです。今日100万円の価値がある「モノ」「カネ」が、明日150万円や200万円になることは、まずありません。しかし、「ヒト」は「仕事」と「言葉」で大きくその価値やパフォーマンスが変わってくるのです。うまく仕事を任せ

ることができれば、数倍のパフォーマンス向上も期待できます。

くり返しになりますが、「仕事の任せ方と言葉かけ」で、人は大きく変わります。優秀な部下をたくさん育て、成果を上げているマネジャーとそうでないマネジャーとの違いはこの**「仕事の任せ方と言葉かけ」**のやり方、つまり「仕事の任せ方」に違いがあるのです。

そして、じつはこの「仕事の任せ方」は、誰もが身につけ、実践することができるスキルでもあります。しかしながら、多くの人に「仕事の任せ方なんて、あまりにも当たり前すぎて、誰かに教わるほどのことでもない」と思われているためか、改めて「仕事の任せ方」について学ぶ機会はほとんどないのが現状です。

ですが、もしあなたがマネジャーや後輩の育成担当として、部下や後輩に仕事を任せ、育てなければならない立場にいるのであれば、ぜひこのスキルを身につけて実践してみていただきたいと思います。

いったい、どのようにして仕事を任せれば、部下が育ち、成果を上げることができるのでしょうか。

本書では、部下を育てるための「仕事の任せ方」のポイントを4つのステップとして紹介していきます[※3]。

（※3）トーマツ イノベーション × 中原淳研究室 共同研究「中小企業の人材育成を科学する」知見公開サイト https://www.ti.tohmatsu.co.jp/npro/2016

部下を育てるための「仕事の任せ方」４つのステップ 05

部下を育てるための「仕事の任せ方」４つのステップについて説明する前に、一度、自分自身の経験を振り返るワークをやってみていただきたいと思います。

【Work】
これまで自分が出会った上司から仕事を任された時の事を思い浮かべてください。これまで自分が仕事を任された中で、一番良かったと思う経験と、一番悪かったという思う経験をそれぞれ思い出し、書き出してください。

いかがでしょうか？　今まで、さまざまな形で仕事を任されてきたことと思いますが、任され方にもいろいろあります。結構、仕事の任され方に不満を感じていた、という方もいらっしゃるのではないでしょうか。「その仕事にどういう意味があるのか説明されず、ただ上から降ってくる仕事をそのままやっておいてと任された」「今抱えている仕事の状況などを確認することもなく、突然急ぎの仕事を任された」「新しい仕事にも挑戦してみたいのに、いつも同じような仕事しか任されない」「『わからないことは聞いて』と、やった

※３　仕事の任せ方に関しては、トーマツイノベーション株式会社と東京大学・中原淳研究室が、2014年―2015年にかけて大規模調査を実施してきました。その調査結果の一部がP40の注釈に記入したサイトに紹介されています（↗）

ことのないような仕事を任されたが、聞きたくても席にいなくて聞けない」など……、さまざまなお答えがありそうです。ぜひ、その任され方の何が嫌だったのか、任され方について少し掘り下げて考えてみていただきたいと思います。

当然ながら、「部下に仕事を任せる」とは、ただ、「この仕事をやっておいて」と言って部下に仕事の指示をして終わり、ではありません。目標や目的の説明をしたり、進捗の確認をしたり、つまづいているところはないかフォローをしたり、仕事の出来について評価したり……よくよく考えてみると**仕事の任せ方にはプロセスというものがあります**。

では、より高い成果につながり、部下が成長するような「仕事の任せ方」のプロセスとは、どのようなものなのか。さまざまな過去の研究知見や実践から導きだされたものが、この「仕事の任せ方」４つのステップです。

⇩1．観察

部下のことを理解していなければ、仕事を任せることはできません。部下のことがわかっていないと、どのような目標を与えればいいのか、どの程度の負荷の仕事を渡せばいいのか、という適切な水準がわからないからです。相手を理解するための基礎的な技術は、**相手をよく観察すること**。まずは「観察」して部下を理解するところがスタートです。

⇩2. 目標契約

相手を観察して理解し、どのような仕事を任せるかを決めたら、**目標を理解してもらい、目標に対してきちんと「契約」をします**。そのときに、その仕事をする意味、目的や仕事の全体像について、丁寧に説明し、納得してもらい、**目標達成の「契約」を自己決定してもらうことが大切です**。

⇩3. 振り返り

仕事はただやるだけでは、成長につながり

●「仕事の任せ方」4つのステップ

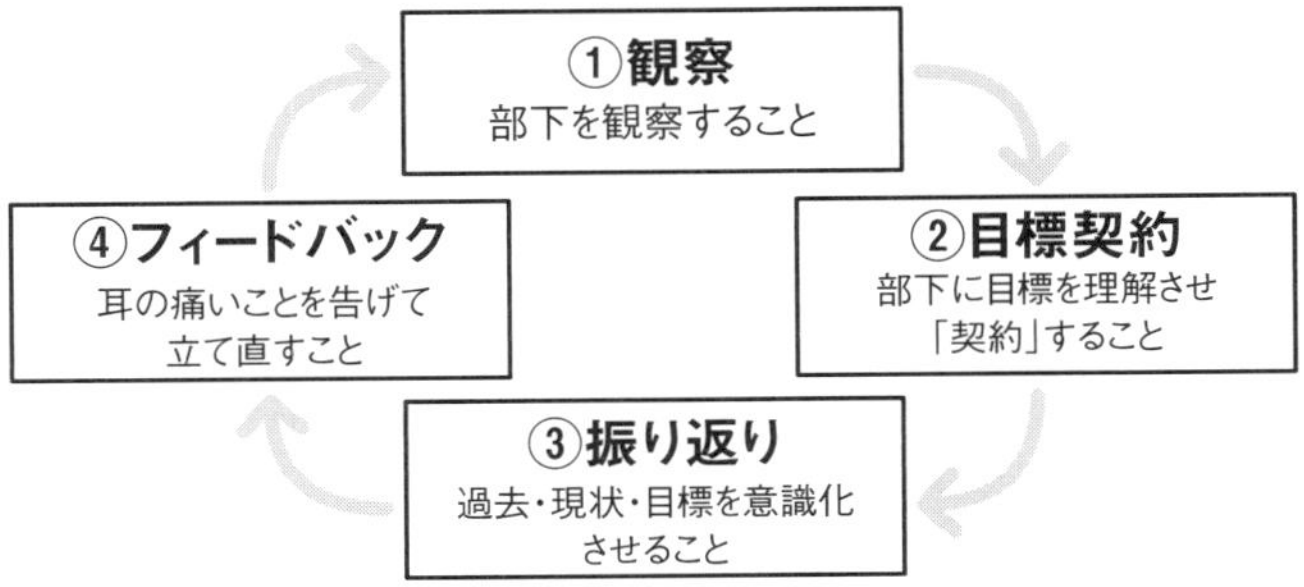
①観察
部下を観察すること
②目標契約
部下に目標を理解させ
「契約」すること
③振り返り
過去・現状・目標を意識化
させること
④フィードバック
耳の痛いことを告げて
立て直すこと

ません。日常的に、あるいは、一通りの仕事が終わった時などに、**自分の経験を振り返り、過去、現状、目標を意識化させ、整理する機会を与える**ようにします。そのことで、「あの時、こうすれば良かった」「今度はこうしよう」などと、経験から自分なりの教訓を導きだすことができます。

⇩4．フィードバック

最後は結果を相手に返し、うまくいかなかった部分について、立ち直り、立て直しを図るため、**耳の痛いことであっても、ありのままを告げ、改善につなげる**ようにします。

いかがでしょうか。次章からは、一つ一つのステップについて、具体的に解説していきたいと思います。

Part 1
観察する

Story 1
マネジメントは観察から始まり観察で終わる

プラ
プラ
はぁ
①観　察
②目標契約
③振り返り
④フィードバック
返しそびれた…
色々と便利なんで
それじゃあ今日はもう遅いので
次の料理教室の後にでもそれじゃあ
えっ

さいならー
タタタタ
ちょ ちょっと これ…
日課のランニング スタート!
別に教えてくれなんて頼んでないんだけどな…
一条さん
イラ イラ イラ イラ イラ
いつまで経っても数野くんから原稿が上がってこないんですけど…
数野くん
なんですって…
すみません
この案件は百田さんマターだと思ってました
この前百田さんは就業時間が限られているからあなたに任せたでしょ?
そうでしたっけ?
そもそも外国人旅行者向けのレストラン紹介サイトにニーズがあるんですかね
いいから急いで!
子どもが待ってるんだから!
2時間あればできるでしょ
アグリーです
カタカタ カタカタ

ぎしぃ…
あぁ… 疲れる…
スッ
一条さん 言われていたデータの打ち込み… 終わりました
ありがとう それじゃあ 次もよろしくね
はい
いいよな 契約くんは
楽な仕事ばっかりで責任も無いし
カタカタ
こらっ
責任のない仕事なんて無いわ!
無駄口叩かない
できました~ ドライブかければこんなもんですよ
2時間って言ったのに 4時間かかってるじゃない!
クオリティを見て下さいよ
どうですか いいでしょ?

それっぽい用語の羅列で中身うすっ！
しかもロジックもめちゃくちゃ
まぁチェックの必要ないですけどね
数野くんは本当に口だけなんだから
じつはこの後ワインの試飲会なんですよ楽しみだなぁ
もう一度数野くんにやり直しさせるのは怖い
いいわありがとう
私がやったほうが早い
じゃあお先です
今度はもっとスキルアップに繋がる仕事させてくださいねっ
ビキ
殺意
はぁ終わった…
バタン
けど…
まだ私のが残ってる…
部下の尻ぬぐいまでこのままやってたら…
いつか倒れるかも…
ズーン…

マネジャーの
仕事は
任せることだけだ
ぐ
ちゃ
理教室
ぱ
か
ぐ
ちゃ
ぱ
か
ぐ
ちゃ
ぱ
か
ぐ
ちゃ

任せるのって…難しいですね
え
べちゃ
自分がやったほうが早いし
絶対に上手くいく
コンコン
パカ
けど私はマネジャー
他人を動かして成果を出す立場
どうやったら人に任せることができるんでしょうか
三鷹さん教えてください
もちろんそのつもりだよ
代わりに卵のかけらが入らないように割る方法教えて
平らなところで割るといいんです
ホントだ
コンコン
パカ

あははは
BONBON
BONBON
BONBON
で結局 その新人君の仕事を巻き取っちゃったんだ
ええ
巻き取ってないですよ
私がやったほうが早いから…
ストン
そのつもりはないんですけど…
任せたまま放っておけないんですよ
ちょっと待って
任せる＝放置じゃないよ
え…
正しく説明すると…
同じハンカチ何枚持ってるんですかっ

仕事を任せる4つのスキルを回し続けることなんだ!
①観　察
②目標契約
③振り返り
④フィードバック
観　察
まず観察とは部下の情報を収集すること
目標契約
そして目標契約とは部下に仕事の目標を理解させ「契約」すること
振り返り
振り返りとは過去・現状・目標を意識化させること
フィードバック
フィードバックとは耳の痛いことを告げて立て直すこと
仕事を任せ観察しアドバイスし軌道修正し再び仕事を任せる
これをくり返すのが君の役目さ
ぐるぐる
だからまず君がやることはこれっ
たかたったあ
え

観察
見ることが君の仕事だ
見る…
ですか…
観察中
メンバーたちはどんな能力を持ちどんな弱点があるのか
さらに何にモチベーションを感じるか
カタカタ
徹底的な観察をしなければならない
カタカタ
そうしなければ部下の能力にあった仕事の難易度をマッチングさせるなどできないでしょ
うーん
どれにしようかなー
司令塔
さーて
難易度高
誰か私の担当なんだい？
ベストマッチング
でも…

はじめてのメンバーたちですから
さすがに見ているつもりです
本当にそうかな
実験してみる？
実験？
じゃらららら
レゴっ!?
君のチームのメンバーたちがどんな仕事をしているのか
職場や仕事の様子をレゴで作ってみてくれないかな
職場の様子をレゴで作れって言われても…
じゃあ机と人くらい配置してみよう
忙しいそうな人は忙しそうに暇そうな人は暇そうに
またマネジメントが難しいメンバーにはピストル
友好的な人には花畑をつけてあげてください
わかりました
せっせっ
せっせっ
せっせっ

できたっ！
どどん
次はクルマ作ろ
こらこら
余ったレゴで遊ばない
では自分のメンバーたちのスキルとモチベーターつまり動機のツボを教えてもらえる？
は…はい
ワーキングママの百田さんは責任感があって言われたことは必ずやってくれます
なので責任がある仕事が動機のツボです
新人の数野くんはまだ若いので怖いもの知らずでどんどんと挑戦するところがスキルかな
自分のレベルをあげる仕事を与えると喜んでやります

仙石くんは…
言われた仕事をきちんとこなします
それだけ？
はい
なるほど百田さんは花束数野くんはピストルを持っています
両者はおそらく目立つメンバーなんでしょう
目立つメンバーは観察しなくても目に入るんです
言われてみれば
問題は見ている対象に偏りがある
本人が思っているよりも見ているようで見ていない
ではなぜ彼を見ていなかったのか
それはおそらく…

見方に偏りがあるんですよ！
例えば契約社員だからいい
みたいなね
！
そんなことはありません
彼も大切なメンバーです
では彼に与えている仕事はどんなものですか？
デ…データの打ち込みですが…

彼は単純な仕事をしている方が好きなんです
本人がそう言ってたの？
いや…だってそんなことないですけど…
マネジメントは「観察」からはじまり「観察」で終わる

偏りなく観察しなさい
わ…わかりました…
それとあと一つ
え
カタカタ
あの…
じいいい
一条さん？
カタカタ
カタ
観察のポイントは
食堂
じいいい〜…
部下の様子を徹底的に見ること
そして
ダッ
積極的に関わる
勇気を出して一歩踏み込まないと良い情報は得られない
仙石くん一緒にランチしない？
一条さん

ええ
いつも勉強しながら食べてるの？
最近は経営戦略やマーケティングの勉強をしています
あといつかはMBAもとりたいですね！
こんなに向上心があるなんて知らなかった…
以前は外国語やっていて英語と中国語は日常会話程度だったら問題ありません
じつは正社員になって働きたいんです
うちの会社好きだから…
そのためにはたくさん勉強しないと
部下の話を最後まで聞くこと
本当にそうね…
仙石くんって頑張り屋なんだね
！

数野くんに聞かせてやりたい
そう頑張ってね
仙石くん新しい仕事頼めるかな？
はい？
お客様に新しいキャンペーンに参加してもらう
説得材料を作ってほしいんだけどやれる？
マジっすか
それ僕がやりたかったのに
ガタッ
やりたいです！
アグリーできません！
バン
ん？
なんで契約くんなんかに絶対に僕のほうがうまくやれます
君では無理！

やれる人に仕事を振ります！もちろん雇用体系に関係ないわ！
それに彼の名前は仙石くんよ！契約くんなんて二度と言わないで！
ガタン
くす
数野君大丈夫？
あと…お願いがあるんですけど
ん
じつはこれまでデータの打ち込みばかりで
実際どんな人を相手に仕事をしていたのかよくわかりませんでした
けどこの仕事はそういうわけにはいきません

一度お客様と会わせてもらえませんか?
ドキ
ドキ!
目の色が変わった…
ここが彼の動機のツボなのね!
もちろんいいわよ
NAAoh

そうですか そういう事でしたら 協力しますよ
よろしく おねがい します
無理言って すみません
外国人に来てもらうメリットってありますか？
そうだなぁ…
――って事があってね
もう少しくわしくお願いします
仙石くんに任せてよかった！
数日後
あれ 仙石くんは？
今日もお客様のところに行っているようです
何度も何度も足を運んで話を聞いてるようですよ
そっか…負けてられないわね
私…となりに座ってたのに全然気づきませんでした

彼があんなにがんばり屋さんだったなんて
どんな小さな事でもいいんﾘです
一条さんはちゃんと見ていたんですね
見直しました
ズキ
私も三鷹さんに言われるまで観察できてなかった
反省…

けど三鷹さんは言ってくれた
それとあと1つ
マネジャーになるプロセスとは
「仕事のスター」から「管理の初心者」に生まれ変わること
毎日が勉強
失敗しても落ち込まなくていいよ
ギュッ
そうよ!
任せるスキルは始まったばかり!!
落ち込んでらんない
ところで数野くんは何してんの?
まだショックが抜けてないようです
打たれ弱いわね
落ち込み中
ズーーン
あんな言い方しなくても…

すべては観察から始まる

01

仕事を任せることの難しさを実感した麻里奈は、三鷹のアドバイスに従って部下をじっくりと観察してみることにしました。すると、日ごろから部下を、見ているようで、見ていなかったということに気づきます。

仕事を任せたり、部下を育てたり……人を動かすことは、すべて「観察」から始まります。ラグビーの元日本代表監督のエディー・ジョーンズさんは「良きコーチは良き観察者だ」とおっしゃっていますし、元ナイキのグローバル人事を担当なさっていた増田弥生さんは、「リーダーシップは観察から始まる」とおっしゃっています。

なぜ観察することが大切なのでしょうか。それは、**部下を観察し、理解していないと、その人にどのような目標を与え、どのくらいの負荷の仕事を渡してあげれ**

マネジメントは
「観察」から
はじまり
「観察」で終わる

ばいいのかという適切な水準がわからないからです。

もちろん、部下に仕事を任せる時、仕事の難易度や適性を考えることなく、機械的に部下へ割り振ってしまうこともできます。しかしそれでは、ある人にとっては簡単すぎて物足りなく、別の人にとっては難しすぎて途中で挫折してしまう、といったことになる可能性があり、高い成果を上げることはできません。部下の能力を伸ばして成長させ、チームとして成果を上げるためには、部下それぞれの能力を把握した上で、それぞれが最大の力を発揮できるよう、適切な仕事を振る必要があります。

部下を見る、観察する、というのはマネジャーとして欠かせないことなのですが、実際は多くのマネジャーが、きちんとできていない

●「仕事の任せ方」4つのステップ①

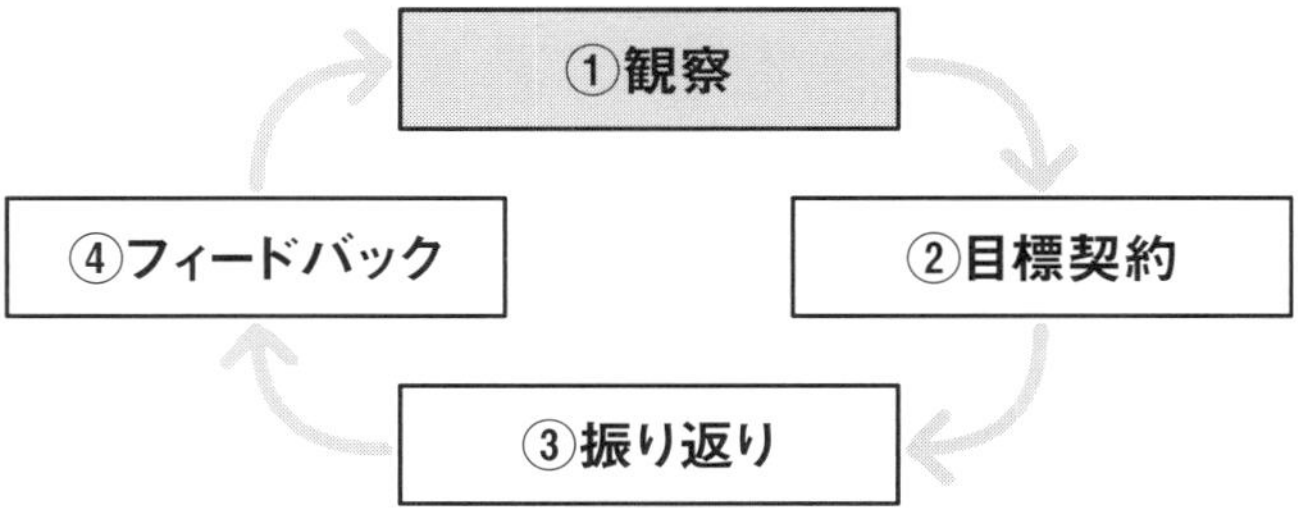
①観察
②目標契約
③振り返り
④フィードバック

うえに、きちんと見ていないこと自体に気づいていないものです。マンガの中では、麻里奈はレゴを使って職場を表現し三鷹に語る中で、そのことに気づきます。この、レゴで仕事経験や職場の状況を表現し、それを用いて語ることで自分の仕事や職場を客観的に捉えなおす、という手法は、近年、企業内研修でも取り入れられているエクササイズの一つです。

表現形式は、必ずしもレゴでなくても、粘土でも、絵でも、即興演劇などでも良いのですが、自分の頭の中にあるものを、目に見える形に表現して他の人に語ってみると、自分自身がどのように感じたり、考えたりしているのか、見えているところ、見えていないところに気づくことができます。

「能力」と「動機」を見極めて育成につなげる

02

部下を観察するといっても、いったいどこをどう見ていけばいいのでしょうか。観察するべきポイントは**「能力」**と**「動機」**の2つです。

⇩観察ポイント1：能力

「能力」とは、その人はどれほどの仕事の能力、スキルを持っているか、つまり、**「何ができて、何ができないのか」**ということです。どれだけ仕事ができるのかを観察するためには、何か仕事を与えてみる必要があります。一番最初は予測がつかないので、とりあえず仮説を立て、「この程度の仕事ならできるかな？」という想像で、仕事を任せてみるしかありません。実際に仕事をさせて観察し「どうもこの仕事は難しそうだ」となった場合、次は少し難易度の低い仕事を与えるようにして、また観察します。そうした仮説検証をくり返して、部下の能力を少しずつ推測していくわけです。**「見えないもの」は「マネジメント」できません。**大切なことは「目に見えない能力」を、スモールステップで徐々に仕事を任せることで**「見える化」**することです。

では、なぜ部下を観察し、その能力を測る必要があるのでしょうか。それは、部下の能力を高め、育成するためには、**本人の持つ能力よりも少し高い仕事**を任せなければならないからです。野球の練習で、ノックのうまい人は、外野手が取れるか取れないか、ぎりぎりの端のところを狙って打つといいます。あともう少し頑張れば手の届くようなところにボールを落として、取れるようになるところまで走らせるわけです。

仕事も同様です。72ページの図は、人が経験から学ぶ際の学習者の心理状態を表した概念図です。真ん中の**「快適空間（コンフォートゾーン）」**は、特にストレスのない状態です。自分の能力の範囲で十分対応できる仕事だけを任されている状態ですので、安心して取り組めます

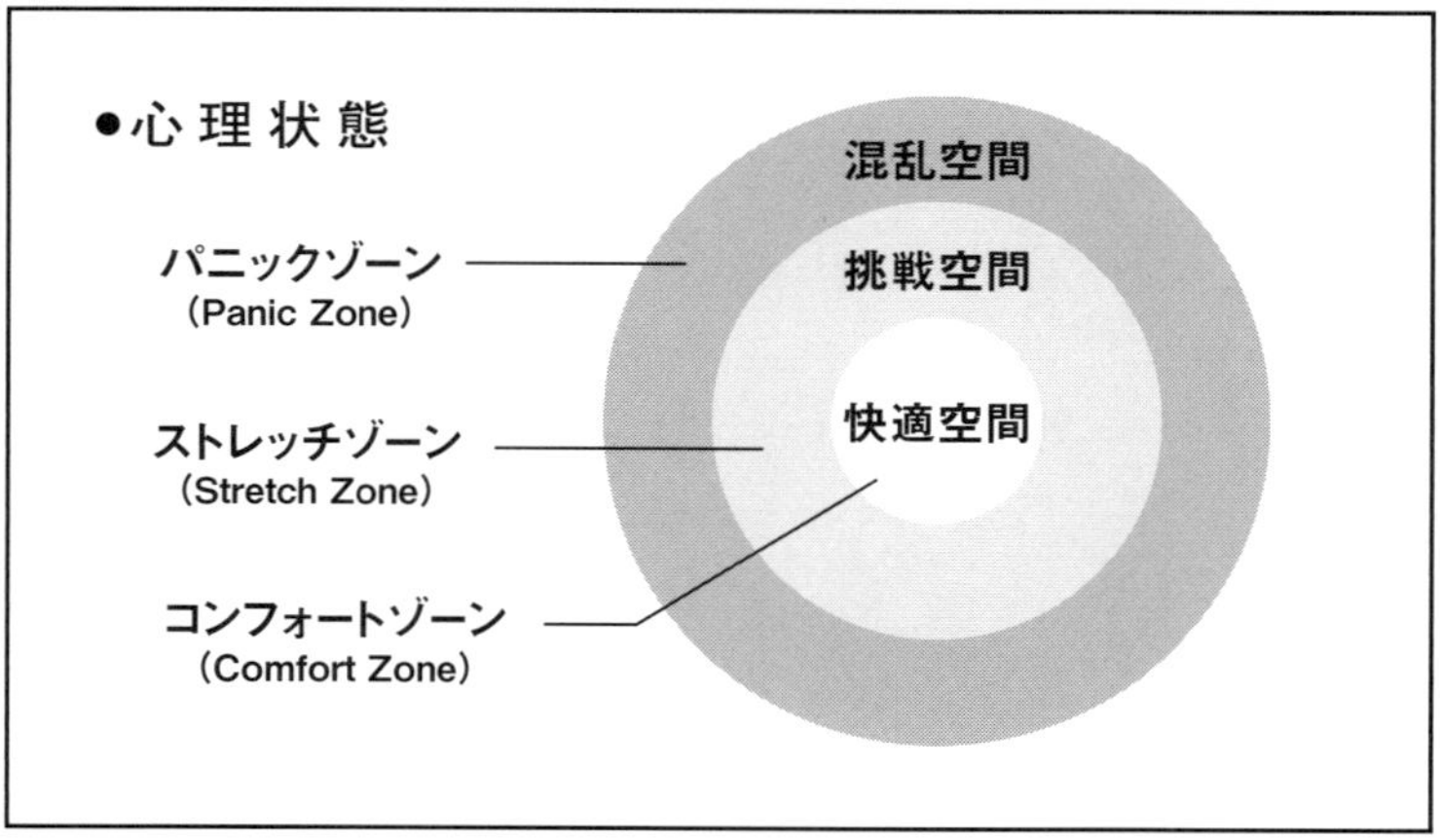
●心理状態
混乱空間
挑戦空間
快適空間
パニックゾーン
(Panic Zone)
ストレッチゾーン
(Stretch Zone)
コンフォートゾーン
(Comfort Zone)

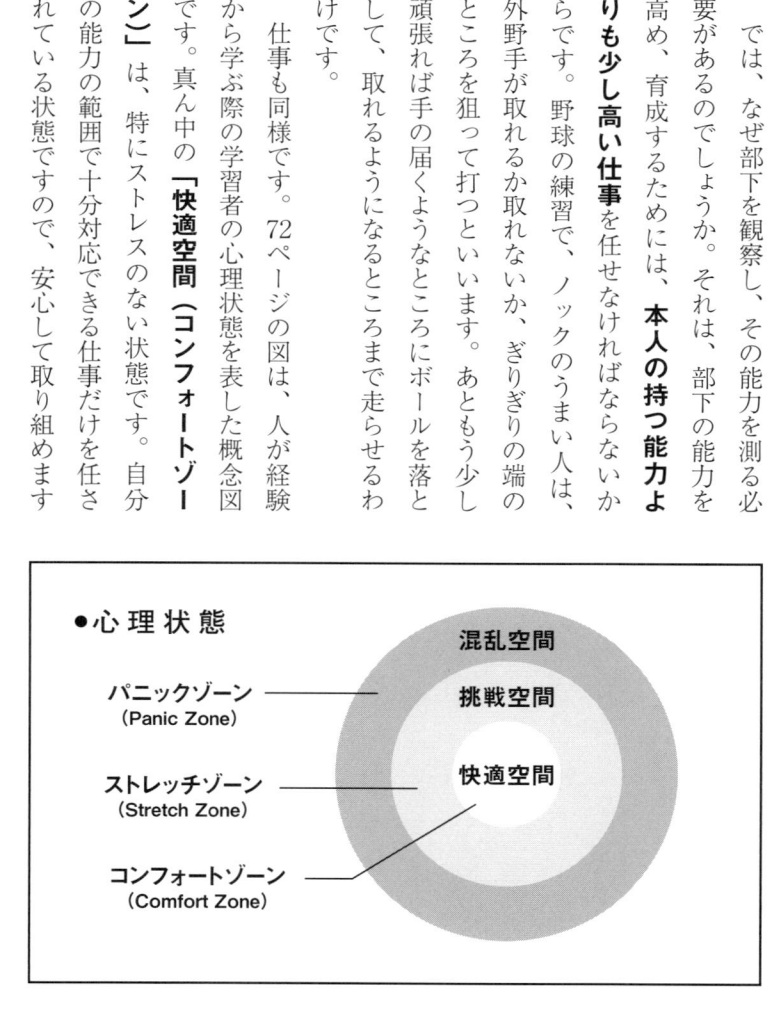

が、少し退屈です。この場合は、自分の能力以上のことに挑戦することはないので、能力を高めることができません。野球で言えば、軽く走れば確実にキャッチできるフライやゴロを取る練習だけをやっているような状態でしょうか。

2番目の**「挑戦空間（ストレッチゾーン）」**では、ストレッチ、少し背伸びをしないとできそうにない仕事を任され、「挑戦を含む経験」をすることができます。失敗するリスクも伴いますが、新しい経験から学ぶことができ、能力を高めることができます。野球で言えば、守備範囲を広げるために、全力で走って取れるか取れないかのところに来たフライをキャッチする練習をするような感じです。

3番目の**「混乱空間（パニックゾーン）」**では、与えられる仕事は、もはや能力を完全に超えていて、失敗するリスクが高すぎるため、怖くて挑戦することができず、混乱してしまいます。野球で言えば、どう頑張っても取れないような隅の方に飛んでくるボールをキャッチさせようとする無茶な練習、という感じでしょうか。

能力を高めるためには、部下を「挑戦空間（ストレッチゾーン）」に置く必要があります。どの程度の仕事を任せれば、部下を「挑戦空間（ストレッチゾーン）」に置くことができるかを類推するため、部下を観察し、その能力を見極めなくてはならないというわけなのです。

⇩観察ポイント2：動機

観察するべきポイントの2つめは**「動機」**です。

マネジャーは部下がどのような動機づけ、モチベーションを持って働いているのかを見極めなくてはなりません。**どんなときにヤル気を出すのか、モチベーションが上がる仕事は何か、どんな言葉がけによってモチベーションを高めるのか、といったことをじっくり観察**してみましょう。

また、部下自身がどんな能力を伸ばして、組織内でどんな役割を担っていきたいと考えているのか、どんなキャリアプランを持ち、どんな専門性を身につけ、どのような方向に進みたいと思っているのか、といった自身のキャリアに対する考え方を把握することも重要です。

こうしたことを理解した上で仕事を任せなければ、部下自身の能力は十分にあったとしても、少し背伸びの目標に本気で挑戦させることはできません。自分で「この仕事をぜひやってみたい」と、心の底から思えていなくては、失敗するリスクも伴う挑戦に飛び込むことはできないからです。

といっても、職場は個人の動機だけ、やりたいことだけで動いているわけではなく、実際には、組織全体の目標もありますし、人によって役割も決まっているわけで、部下自身がやりたいことをそのままやらせるというわけにはいきません。しかしながら、人はやりたくないことを、本気でやることはできませんので、「部下がやらなければならない仕事」と「部下ができる仕事」「部下がやりたい仕事」をできるだけ近づけるようにする努力が必要です。そのため、マネジャーは部下の「動機」を知り、それを心の片隅に置いて、仕事を任せるときにも、「やりたい仕事に近づける」「将来のキャリアにつながる」「専門性が高まる」など、**何か部下の「動機」につながるような意味づけをすることが求められる**のです。

【観察のポイント】

①能力

・どんな能力・スキルを持っているか?
・どんな強みがあるのか?
・どんな弱みがあるのか?

②動機

・何をしたらモチベーションが上がるか？
・モチベーションの上がる言い方はあるか？
・今後、どんな仕事をしていきたいと考えているか？

キャリアについて考える際にしばしば用いられるフレームワークとして「**Will**（自分がしたいこと）、**Can**（自分ができること）、**Must**（しなければならないこと）」というものがあります。観察というのは、この中の「Will（自分がしたいこと）」と「Can（自分ができること）」を見極め、それらを「Must（しなければならないこと）」にできる限り近づけようとする試みだということもできます。

別の言い方をしてみましょう※4。

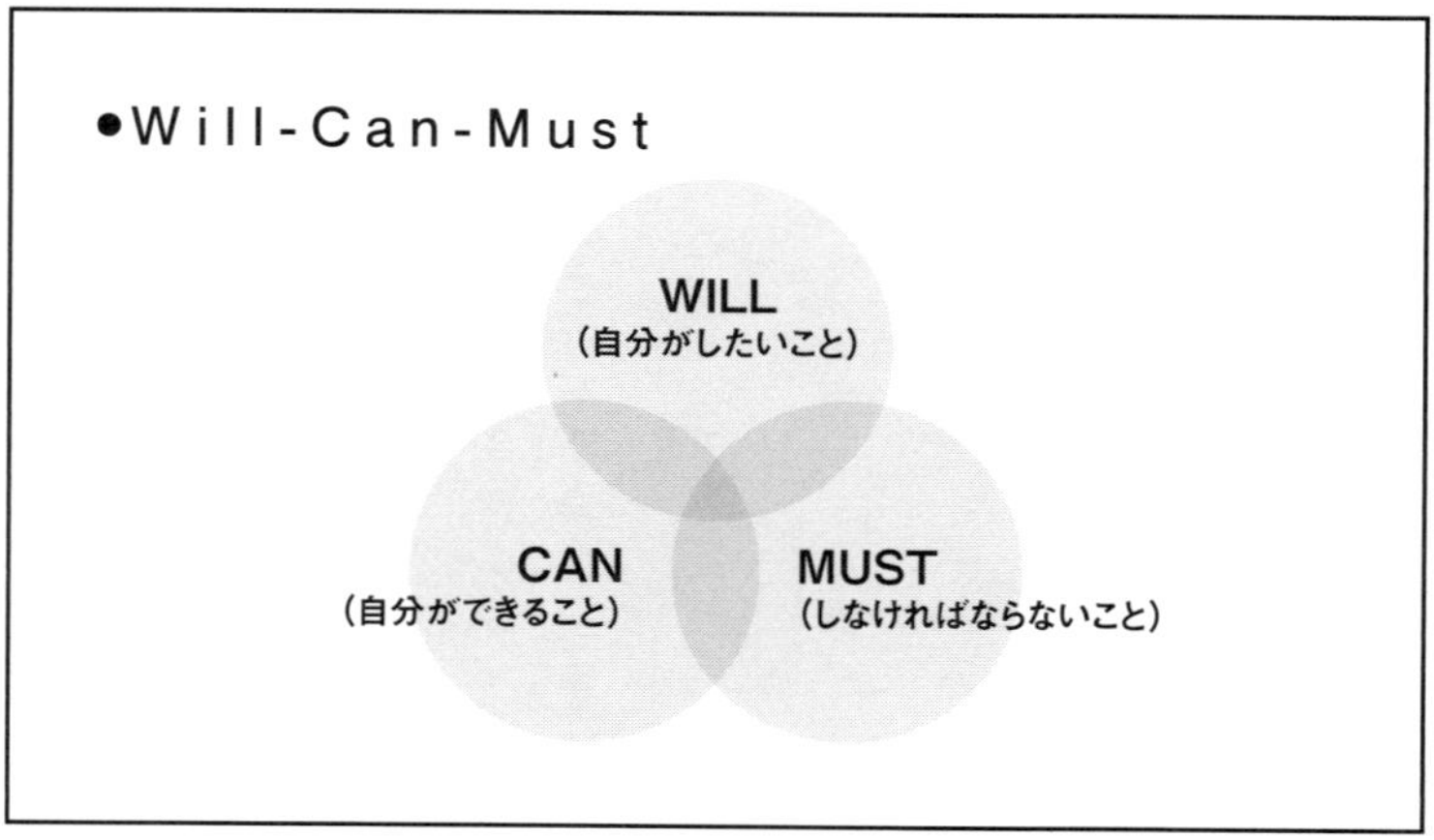

●Will-Can-Must
WILL
（自分がしたいこと）
CAN
（自分ができること）
MUST
（しなければならないこと）

※4　本間浩輔・中原淳（2016）『会社の中はジレンマだらけ　現場マネジャー「決断」のトレーニング』光文社新書

今、部下がやりたい仕事を「部下のベクトル」、そして「組織においてやらなければならないこと」を「組織のベクトル」として78ページの図のように描いてみましょう。

仮に「組織のベクトル」と「部下のベクトル」というものがあるとします。最初は、2つのベクトルは120度くらいの角度で、開きがあります。まぁ、要するに部下の方向性は「あさって方向」に向いています。これでは、仕事を長く続けていくことはできません。

マネジャーの役割は、組織のベクトルと部下のベクトルを、「仕事の任せ方と言葉かけ」を通じて、何とか45度くらいに……願わくば「30度」くらいに調整することです。

そして、それを行うためには、部下がいったいどのような能力をもっており、何をモチベーターとするのか、しっかりと観察しておくことが重要です。

●「組織のベクトル」と「部下のベクトル」

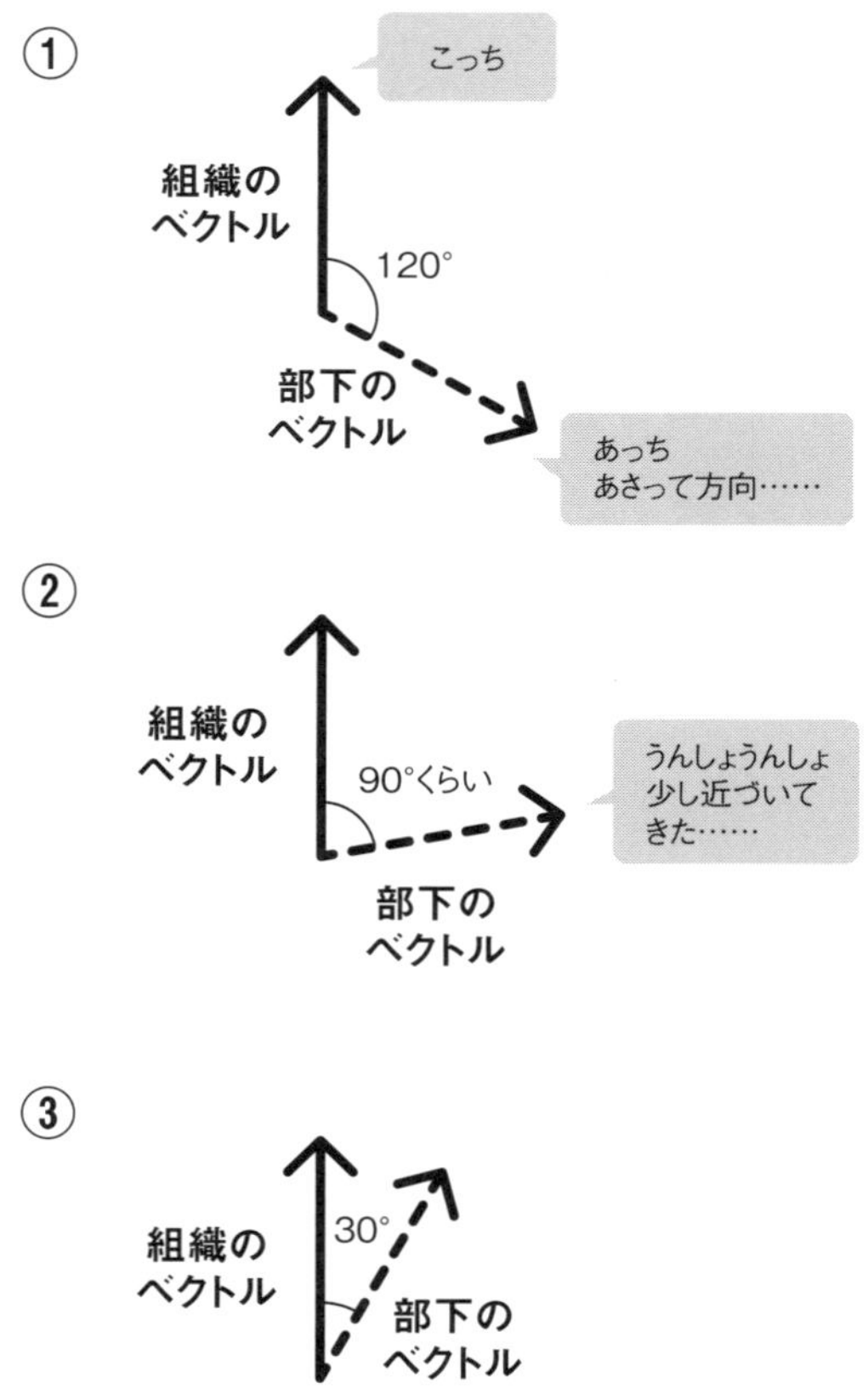

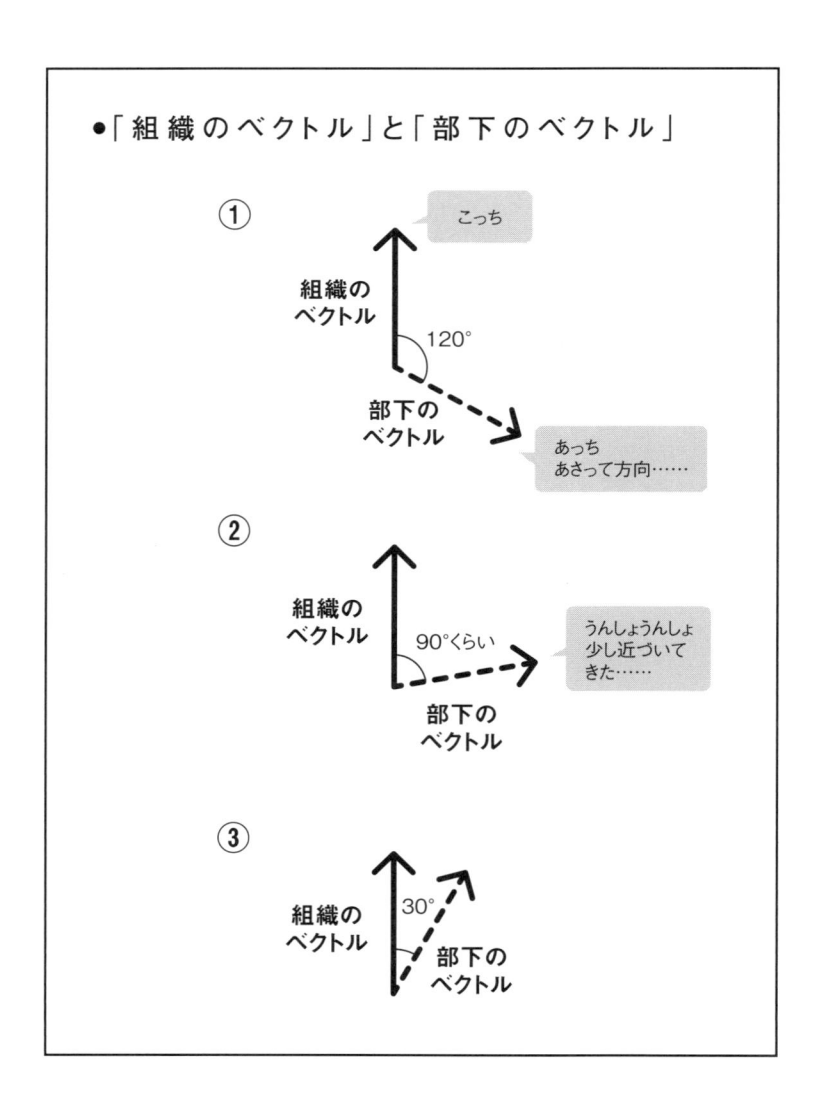

職場で部下を観察してみよう

03

それぞれの「能力」「動機」を見極めるためにも、部下を一人一人偏りなく観察することが大切です。とはいえ、**人は見たいものしか見ていない**もの。「全員公平に観察しよう」、と思っていても、目立つ部下とそうでない部下がいますので、**どうしても優秀な部下やできない部下など、良くも悪くも目立つ部下ばかり注目してしまいがち**です。与えられた仕事はきちんとこなすものの、新しいこと、目立つことはやりたがらない人、声が小さく、発言がほとんどない人など、特に問題もなくやっているように見える人にも意識して目を向けるようにしたいものです。

観察をするといっても、本人の行動を観察するだけが、観察ではありません。もちろん、本人を観察することも大切ですが、同時に目を向けていただきたいのは、その人の周囲です。例えば、その人の机の上をさっと眺めるだけでも、さまざまなことがわかります。机の上は整頓されているのか、立てかけてある本はどんな内容なのか、といったことも部下のことを理解する上でのヒントになることがあります。

また、部下を個別に観察するだけでなく、誰と誰が仲がいいのか、部下同士どう思っているのかなど、人間関係などから職場全体を観察する目を持つことも大切です。朝、「昨日はどうも」「楽しかったですね。また行きましょう」などと会話をしているところから、部下同士の人間関係やつながりが見えてきたりすることもあります。

部下に興味を持ち、意識して観察してみると、今まで見ていたようで見えていなかった個性や長所短所、人間関係など、意外な一面が見えてきます。**毎日、宝探しをする気分で観察し、部下の持つさまざまな面を見つけていってください。**

04 観察するための具体的な方法

日々、職場を眺め、観察するだけでも、部下のいろいろな面が見えてきますが、やはり、具体的に話を聞いたり、積極的に動く方がより多くの情報を得ることができます。ここでは「能力」と「動機」を見極めるための部下の観察方法をいくつかご紹介します。

・面談

当然のことながら、部下と直接話をすれば、一番多くの情報を得ることができます。最近では、週に1回といったペースで、定期的に上司と部下で個人面談を行う「1on1ミーティング」を行う企業が増えています※5。

週に1度、30分程度であっても、仕事の進捗や直面している課題などについて話す機会を持つことで、部下の置かれている状況を把握することができます。**面談といっても、目的は「観察」ですので、話しやすい雰囲気づくりが大切です。**週に1度、コーヒーを片手に仕事について話す機会を持つ、といった気軽な形で行ってもいいと思います。

中には「面談はしていないけれど毎週のように飲みに誘って話をしているから、部下の

※5　本間浩輔（2017）『ヤフーの1 on 1――部下を成長させるコミュニケーションの技法』ダイヤモンド社

ことはわかっている」という人もいるかもしれません。もちろん、「飲みにケーション」で部下と親交を深めるというのも有効な観察方法の一つです。ただ、多くの職場は今、ワーキングマザー、契約社員、年上の部下など、多様な働き方をする人が集まっていることが多く、仕事の後、頻繁に飲みに行けるメンバーはどうしても限られてしまいます。「観察」を目的とするのであれば、「飲みにケーション」以外の面談機会を用意する必要があると思います。

・他の人から話を聞く(トライアンギュレーション)

本人から話を聞くだけでは、本音を聞き出せなかったり、能力、動機を探れない場合もあります。その場合は「最近、あの人どう?」など

●「能力」と「動機」を見極めるための部下の観察方法

1. 面談

2. 他の人から話を聞く(トライアンギュレーション)

3. 遊泳

と部下の周りの数名に話を聞き、それらの情報を総合して、判断する**トライアンギュレーション（三角測量）**という方法もあります。その場合、気をつけなければならないのは、誰と誰がどのような関係にあるのか、といった職場の人間関係について考慮しつつ、話を聞くということです。

・遊泳

麻里奈のように部下の後ろについて行動を観察する、というやり方もないわけではありませんが、忙しいマネジャー業務をこなしながら、朝から晩まで部下を見張るわけにもいきません。そうした場合は、日々の仕事を通して、さりげなく観察していきましょう。朝礼や会議などで発言している様子やデスクの状態、挨拶やちょっとした雑談からも、部下についてのさまざまな情報を集めることができます。**遊泳**といって、オフィス内をぐるぐると動き回り、雑談をしながら部下の様子を確認することを日課にしている、というマネジャーさんもいます。

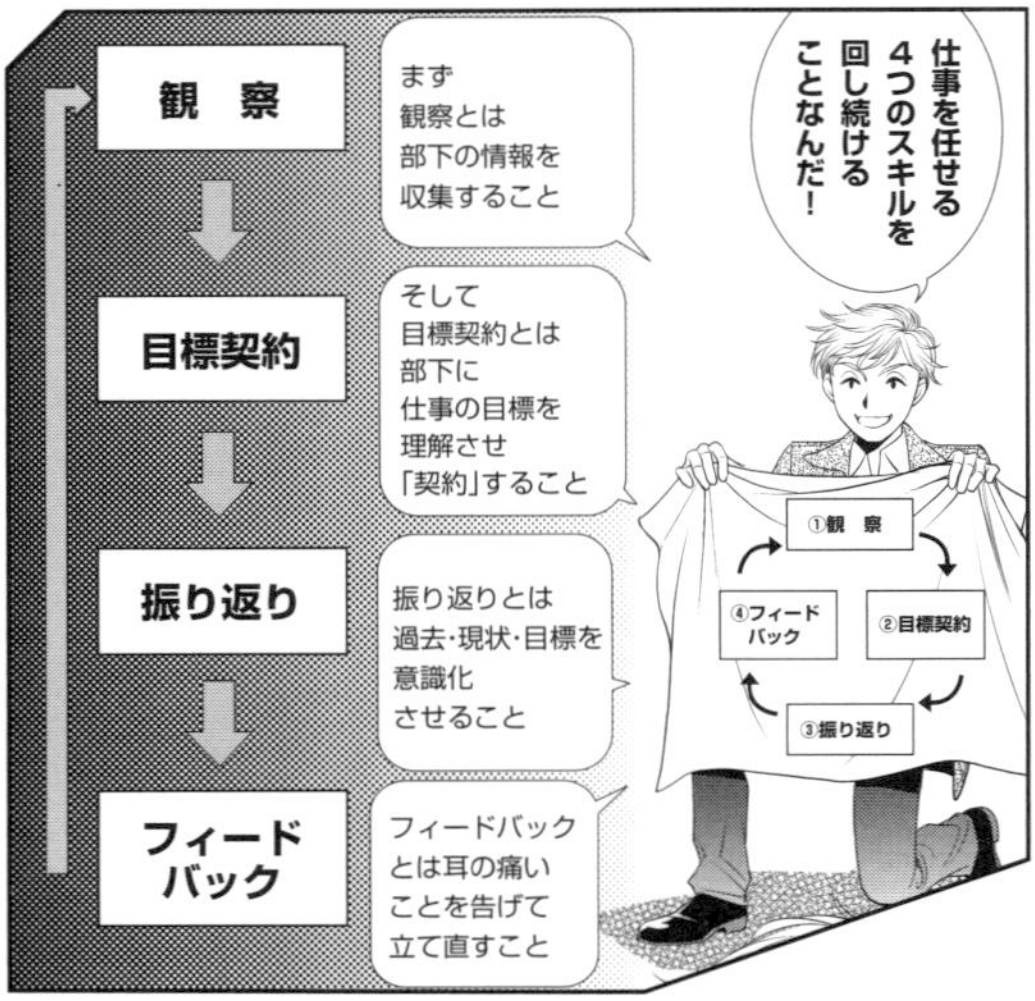
仕事を任せる4つのスキルを回し続けることなんだ！
①観 察
②目標契約
③振り返り
④フィードバック
まず観察とは部下の情報を収集すること
そして目標契約とは部下に仕事の目標を理解させ「契約」すること
振り返りとは過去・現状・目標を意識化させること
フィードバックとは耳の痛いことを告げて立て直すこと
観 察
目標契約
振り返り
フィードバック

Part 2

契約する（目標にコミットさせる）

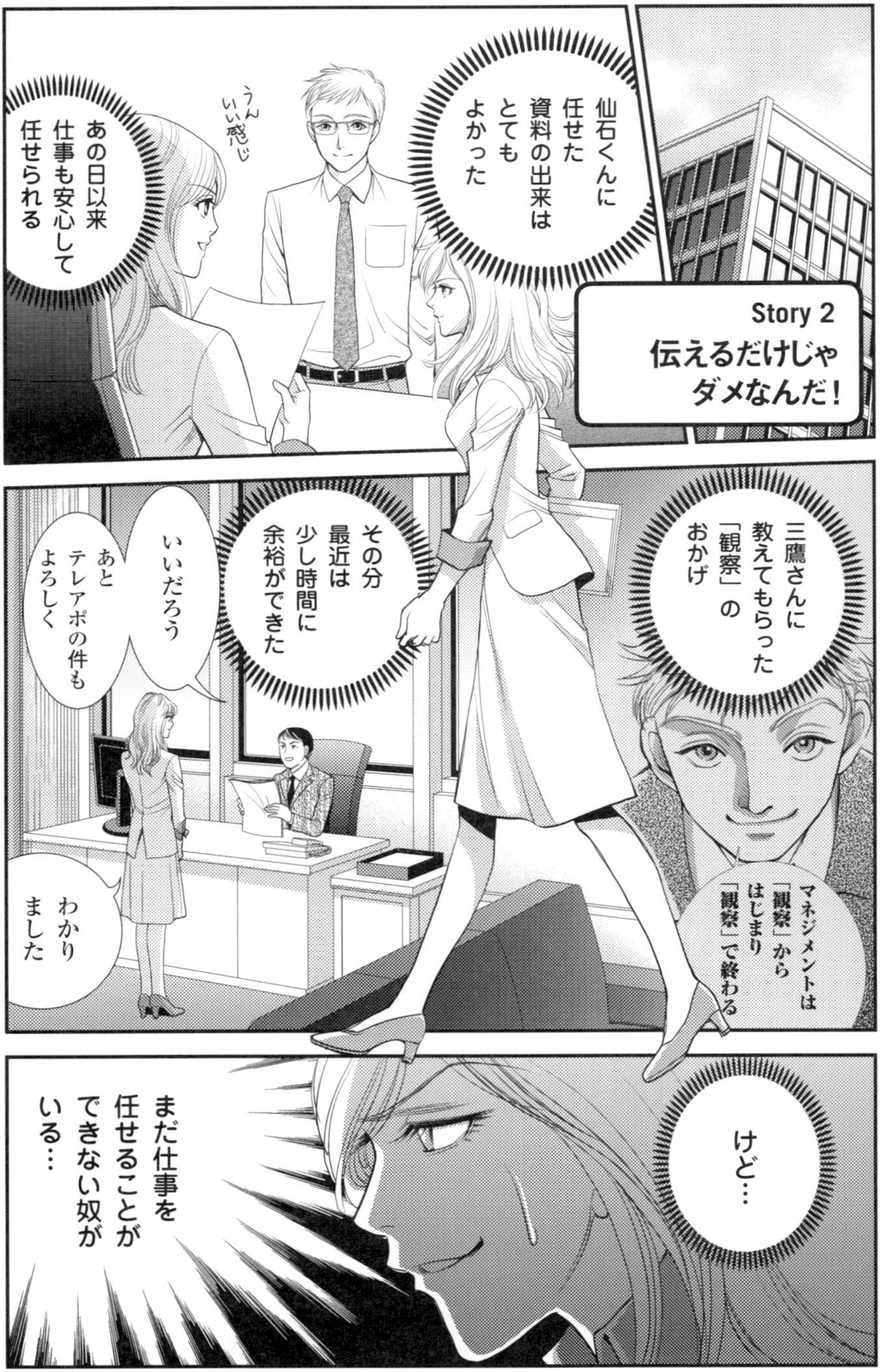
Story 2
伝えるだけじゃダメなんだ！
仙石くんに任せた資料の出来はとてもよかった
うん いい感じ
あの日以来仕事も安心して任せられる
三鷹さんに教えてもらった「観察」のおかげ
マネジメントは「観察」からはじまり「観察」で終わる
その分最近は少し時間に余裕ができた
いいだろう
あとテレアポの件もよろしく
わかりました
けど…
まだ仕事を任せることができない奴がいる…

数野 豊
この僕がテレアポ!?
冗談ですよね!?
そんなのバイトか派遣の仕事じゃないですかっ
プライドだけが高くて全然言うことをきかない
もっとハイグレードの仕事をやらせてくださいよ
イラッ
いい加減にしなさい
給料もらってるんだから言われた仕事は黙ってやる!

チッ
わかりましたよ
ドスン
ハァ
ホント使いづらい
契約店舗に送ったアンケートで返信がまだのところに催促の電話だって…
ブツブツ
面倒くさ
カチャ
会社
アンケート
催促
無視
アンケート
ピ
ク
ちょっと待てよ…
電話なんてアナログなことしなくてもいいじゃん♪
いつもお世話になって
めしログ担当者の数野
カタ
カタ
カタ
カタ
カー
カー
ぬ

ゴゴゴゴ
ゴゴゴゴ
ちょっと数野くん？
昼からずっと見てたけど…
あんた一体いつテレアポする気なの？
遅くなると営業時間になって迷惑かけるから早くしなさい！
もうやりましたよ
は？
嘘つかないで！
一度も受話器を上げてないじゃない!?
…
カタカタ
該当店舗すべてに一斉メールしたんですよ
ピク
ピク
ピク

プル
プル
プル
電話なんかより よっぽど 効率的ですよ
私は 電話しろって 言ったの！
だから！ メールで 事足りるんだから それでいいじゃ ないですかっ！
ガタッ
勝手なこと しているんじゃ ないわよ！
はぁ
それでも 一度は 相談しなさい！
そんなの アグリー できないです！
アグリーだが アングリーだが 知らないけど 言われたことを やりなさい！
さもないと…
一条さん
！

部長が呼んでます
…
そ…そう わかった
とにかく電話しなさいよ
嫌です
あんたね
部長が呼んでますって
ぐい
誰が上司だと思ってるの
信じられない
バタン
わがままでチームワーク乱さないでよ
僕は間違っていない

まったく本当に数野くんは身勝手なんだから
すみません
プンプン
え…
別に仙石くんに言ってるわけじゃないわよ
そうじゃなくて部長が呼んでるって…
嘘なんです
は？
あれ以上過熱すると取り返しがつかなくなるかと思って
そうだったのごめんね
ありがとう
僕には数野くんの気持ちもわかるんです
え…

昔の僕も あんな感じ だったんです
あんな感じ？
あんな感じって どんな感じよ？
？
アグリーです
みたいな…
ガリ
嘘でしょ!?
ガーン
し…信じられない…
前の会社にいた 頃のことです
いいから 言われたとおり やれっ！
バンバン
全然 建設的じゃない
どうしてこの僕が こんな仕事を しなきゃ ならないんですか
教えて くださいよ
無駄に自分に 自信があって
何も経験したこと 無いのに できる人間だと 勘違いしていました
な…
別人じゃない…
お恥しい…

上司がバカだから
僕を活かすことができない
つまんねぇ仕事
もっと僕の能力を最大限に発揮できるところが絶対にあるはず
そう思って辞めました
辞表
けど僕はどこの会社に行っても役に立たない
僕には何もなかったんだ
このままだと彼も僕と同じ道を辿ってしまう…
僕みたいに後悔してほしくないんです
だから今一生懸命勉強してたのね
以前は外国語やっていて英語と中国語は日常会話程度だったら問題ありません
最近は経営戦略やマーケティングの勉強をしています
あといつかはMBAもとりたいですね！

理教室
うん
グツ
グツ
今のままだと辞めるだろうね
ですよね
そうなりますよねぇ
サボってないで
料理してね
グツ
グツ
せっかくマネジャーになったのに
高木くんに続いて数野くんも辞めたとなると…
私のマネジメント能力が問われる…
助けてください…
僕も助けてください
アルデンテの芯が残る意味がわからない
もうぐにゃぐにゃですよ
一体何分茹でてるんですか

無事できた…！
ほとんど私が作りましたけどね…
さっきの話の続きだけど
！
言うことを聞いてくれないのは
仕事に対してちゃんと目標契約をしていないからだよ
目標契約って…
前に少し言ったよね
部下に仕事の目標を理解させること
ん
おいしー…
私ちゃんと伝えていますよ
伝えるだけじゃダメなんだ
スッ
え…

会社の考えや目標を部下にわかりやすく伝え腹落ちさせる
それが目標契約さ
①観　察
②目標契約
③振り返り
④フィードバック
目標契約ができていないと
無理矢理やらせても長くはもたない
そうは言われても…
会社はなぜマネジャーを雇うと思う？
え
会社の目標を上から下に流す それだけだったらマネジャーなんていらない
会社
A
マネジャー
A
部下
A？
ちゅる
マネジャーに期待されているのは翻訳機の役割 つまり
上の考えを下にわかりやすく伝え深く理解させるのが役目だ
わかりやすくAを説明すると
A'
わかりやすく
A
なるほど

上から高圧的態度で命令するなんて論外
！
キッ
…給料もらってるんだからやれって言いました
最悪だね
命令するだけなら君がいなくても会社が直接言えばいい
ムシャムシャ
私はどうしたらいいんですか？
4ステップで目標契約を交わすんだ！
4ステップ…
しゃべってないでさっさと食べてください
ごちそうさまでした
いつの間にっ

一条さん
話って
なんですか?
…
ステップ1
まずは
「目標」だ
Step1
部下に仕事を
任せるとき
仕事の目的を
理解させなくては
ならない
そのために
全体像と背景
組織にとっての意義
個人にとっての意義
をしっかりと
伝えてあげて
全体像と背景
組織にとっての意義
個人にとっての意義
なるほど

ギュッ
この前は一方的に説明せずにテレアポしろって言ってごめんなさい
え
今回のアンケートは今後の方針を決めるためにも大切なものなの
全体像と背景
まぁそれはわかってます
組織にとっての意義
けどアンケートの返信が無いということはサイトを一緒に盛り上げるという参加意識が低い
だから手間はかかるけど電話であなたのことを忘れていませんよ
というアピールをしたいの
アンケート返信して頂けますか
あすみません
見られてるんだ…
個人にとっての意義
あと数野くんに頼んだのは君の成長にもなるからなのよ
僕の…？
店長には色々な人がいるから
コチラの要望に応えてもらえるためのコミュニケーション能力も上がるし
もっと効率を上げたい
どうすれば上手く伝わるかな
他にも方法があるかな
困った状況にも自分なりに解決方法を導き出せるようになってほしい
…

まぁ…
確かに…
よし
目標が共有できたら次のステップは「つまづきワクチン」だ
Step2
仕事をすれば必ず失敗やつまづきは生まれる
経験豊かな上司はその心構えをさせることが役目だ
ハイ
あとね
ぐいっ
テレアポは思ったよりも難しいものなの
え…
きっと怒鳴られることもある
へ…
理不尽なことを言われることもある
話を聞いてくれないことなんてしょっちゅう
居留守だって当たり前
すぐキレる
ドキ
ドキ
ドキ
ドキ
ドキ
ドキ
彼は今不安の沼の中だ
すかさず3つめのステップ
そんなことあるんだ
こわいっスね…
ズブ
ズブ
不安

「サポート」だ
スッ
けど誰もが歩む道よ
怖がることはないわ
あなたならきっと乗り越えられるはず
困ったことがあったらいつでも私がサポートするから
一条さんにサポートしてもらわなくてもテレアポくらい余裕ですから
ガタッ
！
最期のステップ
自己決定による『目標契約』だ
え…それじゃあテレアポをやってくれるってこと？

アグリーです
やる意義を感じたんで
バタン
ぐっ
これで安心だ
一条さん
テレアポで色々と言われたようで凹んでます
さっそくかい
ズーーン…
涙
あうう~
くり返し言い続けるのも上司の役目
上司って本当に大変…
何度でも伝え続けるんだ

ちょっと数野くん大丈夫？
大丈夫です
ううっっ
想定内ですから
サポートで言ったことが効いてるようね
負けてられるか…
まぁなんとかなりそうね
もしもし
頑張って
はいはい
お願いします
よしよしちゃんとやってるわね
カチャ
ガタ
あれ数野くん
どこに行くの？
テレアポ終わったの？
呼び出しを食らったんでちょっと行って来ます
何だ！その言葉遣いは
謝りに店に来いっ！
バタン

ビールお酒
御食事処
僕一人で大丈夫ですよ
何を言ってるの サポートするって言ったでしょ
さぁ 行きましょう
ハイ
ガラッ
いきなり電話してきて以前送ったアンケートをさっさと返せだぞ
そう言われたら意地でも返信しねえだろ!
フッ
そんな言い方は…
そう聞こえたんだよ!
けど…
そもそも忙しいのにアンケートなんて送ってるんじゃねぇ
しかしですね…
おしながき
ご主人のおっしゃる通りです
ゴッ

すべては
私の責任です
トン
トン
まぁわかれば
いいけど
ええ
いいので!
今後は
気をつけます
ペコ
トン
トン
トン
ところで
ズイッ
せっかく来たので…
外国からの
来客が増えることで
戸惑うこととか
悩みとか
ありませんか？
え…
今そんなこと
聞くの?
さっさと
帰りましょうよ

カタ
じゃあ
メニューのこと
なんだが…
相談
するの!
色々と
大変なことが
多いと思うんですが
…
何カ国語
必要かな
まずは
英語ですね

話のわかる店長で良かったわね
一条さんすごいんですね
え…
謝りにきたはずなのに相手の要望まで聞いて
さらに信頼関係まで作るなんて…
まぁもともと営業だったからね
目が覚めました
え
本気を出せばなんでもできる…
だから本気になれる仕事がやりたい
そんなものただの言い訳…
今日の一条さんのようなこと
本気を出しても今の自分にはとても出来ません

僕も一条さんのようになりたいです！
成長したいです！
だからもう逃げません!!
今後 尊敬の気持ちを込めて麻里奈姐さんって呼んでいいですか!?
ダメに決まってるでしょ!!
麻里奈姐さんテレアポ終わりました
だからやめて
あの2人何かあったのかな？

なぜ目標契約が必要なのか

01

部下を「観察」して、能力や動機を理解したら、次は**「目標契約」**です。「目標契約」とは聞きなれない言葉だと思います。部下に仕事を任せるたびに、いちいち契約が必要だというのも、少し面倒だと感じる人もいるかもしれません。契約といっても、何か契約書を交わすというようなことではなく、実際には、仕事の意味や全体像を理解してもらい、納得して仕事に取り組んでもらう、といった意味で用いています。

ではなぜ、仕事の意味や全体像を理解してもらい、納得して取り組んでもらう「目標契約」が必要なのでしょうか？　このことを説明する際によく用いられるのが、「石を積む人」についての寓話です。

ある時、道を歩いていたら、石を積んでいる職人がいました。面倒くさそうに石を積んでいる、ひとりの職人に「何をしているのですか」と尋ねると、「見ての通り、石を積んでいるのです」と答えました。また別の職人に「何をしているのですか」と尋ねると、その職人は

「大聖堂をつくっているのです」といきいきと答えました。

いかがでしょうか。「石を積む」という同じ仕事であっても、単に「石を積む」という作業だけをしている職人と、「大聖堂をつくっている」という目的を理解して仕事をしている職人とでは、仕事への取り組み方が変わるだろうな、ということは容易に想像できることかと思います。

「石を積む」という単純作業であっても、その目的が「大聖堂をつくる」ことであると知れば、やりがいを感じ、モチベーションも高まることでしょう。また、単に「石を積む」だけではなく、大聖堂として美しい仕上がりになるよう工夫をしたり、より丁寧な作業を心がけるよ

●「仕事の任せ方」4つのステップ②

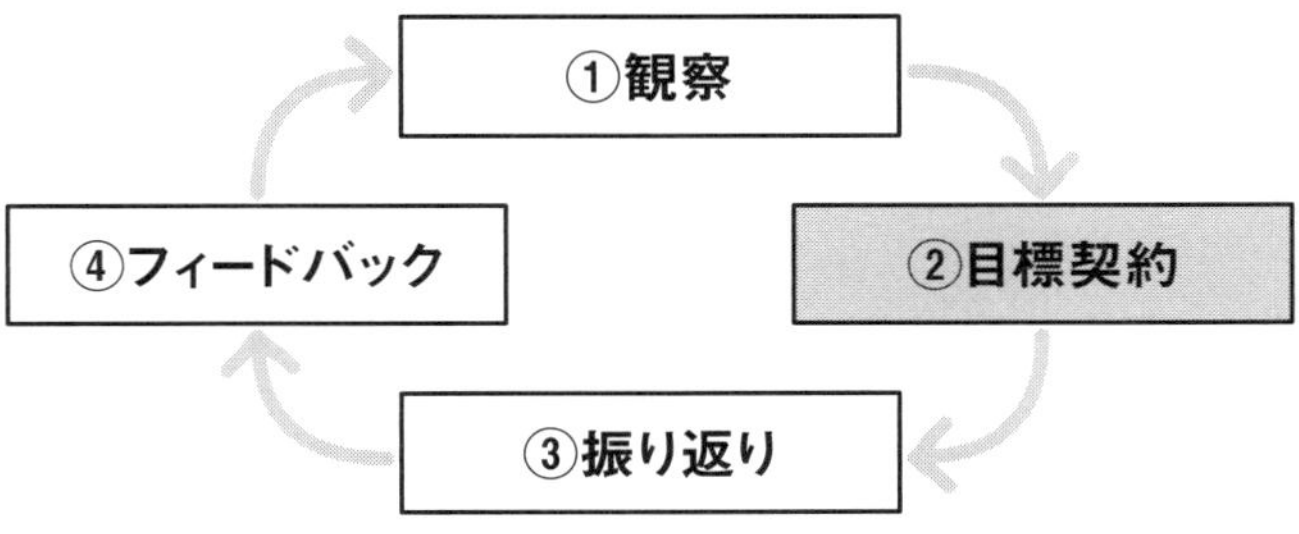

うになったりするのではないでしょうか。

このように、ちょっとした仕事を任せる際にも、仕事の意味や全体像を伝えてから任せたかどうかで、取り組み方は大きく変わります。特に、大きな組織の中で個人に任される仕事というのは、数野が任された「顧客向けアンケート回収の督促電話をかける仕事」のように、細かい作業レベルに落とし込まれていて、自分の仕事が会社にとってどんな位置づけにあるのか、自分がやることにどんな意味があるのかが見えにくい仕事がほとんどです。そうした組織の中で働いているからこそ、**部下が理解できる言葉で、その仕事の位置づけや意味を伝えるマネジャーという存在が必要**なのです。

また、昨今の若手社員は、どんなこともインターネットで調べれば、すぐに答えが出る時代

●石を積む二人の職人

ある時、道を歩いていたら、石を積んでいる職人がいました。

「何をしているのですか」と尋ねると、

①「見ての通り、石を積んでいるのです」  **と答えました。**

また別の職人に「何をしているのですか」と尋ねると、その職人は

②「大聖堂をつくっているのです」  **と答えました。**

に育ったこともあるためか、事前に情報を得ておきたい、仕事のやり方についての説明が欲しいという傾向が強いようです。実際の仕事というものはやってみないとわからないことも多々あるわけなのですが、「つべこべ言わず、とにかくやってくれ」と言っても動いてもらえない若手には、目標契約をきちんと行った方が効果的であるようです。

一番やってはいけないのは、会社からの方針や目標をそのまま伝えるだけの「伝言管理職」になることです。会社からマネジャーに伝えられる「前年比110％の売り上げ増」「シェア・ナンバーワン獲得」といった、大きな会社の方針を、伝言ゲームのように部下にそのまま伝えるだけでは、仕事を任せたことになりません。

マネジャーには、**会社の大きな方針を部下がわかる言葉に咀嚼し、翻訳して自分の言葉で伝える役割が期待されている**のです。「社長が言っていたから」という話ではなく、自分の言葉で「なんのためにこの仕事をやるのか」を説明できるようになっていなければ、部下に納得してもらうことは難しいものです。そのためには、「目標契約」をして部下に仕事を任せる以前に、マネジャー自身が、その仕事の意味を自分なりに理解し、自分の言葉で表現できるよう、きちんと咀嚼しておくことが前提となります。

目標契約の4ステップ

02

では、仕事の意味や全体像を理解してもらい、納得して仕事に取り組んでもらう上での「目標契約」を行うためには、どうすればいいのでしょうか。

一番大事なことは、**仕事の意味や全体像を理解してもらうこと**です。しかし、ただそれだけで、「やったことがなく、できるかどうかわからない、下手したら失敗するかもしれない……でも、達成できれば確実に成長できそうな仕事」に挑戦してもらうことはできません。

やったことのない仕事、一段階上の仕事に挑戦するのは、やった方がいい、やらなければならない、とわかっても不安なものです。ここでは、そうした不安を少しでもやわらげ、任された仕事に主体的に取り組むことを自己決定してもらうため、丁寧に目標契約するための方法として「目標契約の4ステップ」をご紹介します。

「目標契約の4ステップ」とは、

1. 目標打ち込み

●目標契約の4ステップ

	Action	目的	具体例
step 1	目標打ち込み	全体像と背景 組織にとっての意義 個人にとっての意義	「今度、部門横断の海外展開プロジェクトが立ち上がるんだけど、部門から一人だすことになった」 「会社にとっては、このプロジェクトは新たなマーケット開拓につながるかもしれない。社長の肝いりだ」 「英語のスキルとか伸ばしたいって言ってたよね」
step 2	つまづきワクチン	困難ポイントの予測	「たぶん、部門横断なんで、チームが動き出すまでは苦労するだろう。業務時間もうまく確保しないと、残業が増えるかもしれない」 「英語の学習も、時間はとられるだろうな」
step 3	サポート	組織的なサポート 個人的なサポート	「業務時間は、部門横断のリーダーと僕が話し合って調整するよ」 「英語は好きな研修に行ってくればいいよ」
step 4	目標契約	自己決定によりコミット度向上	「どうですか？　やりたいですか？せっかくのチャンスだけど、自分でやりたいと思う？」 「そう、わかった。じゃあ、少し大変になるけど、サポートもするので、部門横断プロジェクトにいくってことでいいよね」

2. つまづきワクチン※6

3. サポート

4. 目標契約

の4点から構成されています。これからこの4ステップについてご説明しますので、部下にどうやって仕事を任せればいいのかわからない、という方はぜひ、このステップを参考にして、目標の契約をしっかりと行うところからはじめてみてください。

⇩ステップ1　目標打ち込み

最初に、任せる仕事の目標を〝打ち込み〟ます。単に「この仕事をやっておいて」と伝えるのでなく、その目標がどのようなものか、しっかりと伝えるようにします。このとき、くれぐれも会社の方針をそのまま伝える「伝言管理職」にならないよう気をつけてくださ い。具体的には、以下の3点を、部下に伝わる言葉にかみ砕いて伝えるようにします。

①全体像と背景

②組織にとっての意義

（※6）トーマツ イノベーション×中原淳研究室 共同研究「中小企業の人材育成を科学する」知見公開サイト　https://www.ti.tohmatsu.co.jp/npro/2016

③個人にとっての意義

①全体像と背景

なぜその仕事をやる必要があるのか、そこにはどんな背景があるのか（Why do?）を説明します。任せたい仕事内容が「アンケート回収を促す電話をかけること」だけであったとしても、その仕事は、どんな仕事の一部なのか、全体像をしっかりと伝えるようにします。少し面倒でも、海外旅行向けのグルメ情報サイト構築というプロジェクト全体の進行状況や、そのアンケートを行うことになった経緯、その仕事の前工程、後工程はどうなっているのか、誰がどんな仕事を行っているのか、といったことまで説明するのです。アンケートを回収するという仕事が全体のどこに位置付けられているかがわかれば、誰に何を聞けばいいのかや、仕事を行う上で工夫するべきポイントなどもわかってきますし、仕事に取り組む意識が変わってきます。

②組織にとっての意義

その仕事が組織にとってどんな意味があるのかを伝えます。たとえば、「顧客に一件一件電話をする」という仕事は、メールやＳＮＳなどを使ったやりとりに慣れた若手社員

※６　人材育成にとって、部下に仕事を任せる際に、目標をしっかりと打ち込むことや、つまづきを事前予測させることが重要なことは、トーマツイノベーション株式会社と東京大学中原研究室の共同研究でも知見として検証されています。（↗）

にとっては、手間のかかる効率の悪いことのように感じられるかもしれません。ですが、あえて電話して話すことで、人と人とのつながりを大事にし、顧客の声にきちんと耳を傾ける企業姿勢を示すことができるのだ、という説明があれば、その仕事の意義を、効率とは別の視点でとらえなおすことができます。

③個人にとっての意義

仕事を任されるとき、仕事の意義は理解できても、「なぜ自分なのか」（Why me?）ということろに納得できていないと、「自分がやるべき仕事だ」と心の底から目標にコミットすることができません。人は誰しも「なぜ自分にこの仕事がアサインされるのか」の理由を知りたいと願うものですし、**自分にとって何かプラスになる仕事をしたい**と思っているものです。仕事を任せるときは、「評価が高まる」「仕事の幅が広がる」「今後の仕事に役立つ」など、何か個人にとってプラスになるような意義を伝えるようにします。このときに、部下の「動機」を知っておくと、その動機に合わせて意義を伝えることで、モチベーションを高めることができます。

若手にとっては、「仕事を通して成長できる」ということも、モチベーションを高める要素となります。「顧客に一件一件電話をする」という地味な仕事も、じつはコミュニケーション能力や営業能力、課題解決力などを高めることにつながる、といった説明があると、前向きに取り組もうという気持ちにさせることができます。要するに、意味づけ次第によって、仕事の姿勢は変化するのです。その場合も、部下一人一人の「能力」についてしっかり把握しておくことで、「あなたに足りないコミュニケーション能力を高めることにつながる」など、個人にとっての仕事の意義を納得いく形で伝えることができます。

⇩ステップ2　つまづきワクチン

次のステップは「つまづき」に対する予防、「つまづきワクチン」を打つことです。今までやったことのある仕事であっても、想定外のできごとが起こることはあるものです。ましてや新しい仕事、初めて取り組む仕事では、それがチャレンジングな仕事であればあるほど、**困難な状況に遭遇することを覚悟**する必要があります。

どんな困難が待ち受けているかは、実際にやってみないとわからないもの。ですが、仕事を任せる際に、あらかじめ、どんな困難が予想されるのか「困難ポイントの予測」を伝え、想定の範囲に入れておいてもらえば、実際に仕事を進めていきながら困難にぶつかったときに、ある程度の心づもりをしておくことができます。

⇩ステップ3　サポート

どんな仕事であれ、仕事を引き受ける際に多少の不安はつきものです。今までやったことのない種類の仕事、はじめての分量の仕事、はたまた今まで担当したことのない難易度の仕事など。あるいは、多忙な中で新しい仕事を引き受けることで納期や質に対する不安をもつ場合もあります。さらに、ステップ2の「つまづきワクチン」で、あまりに大変そうな「困難ポイントの予測」を聞かされると、部下は不安になり、自信を失くしてしまいます。そこで、すかさず「サポート」の存在を伝えます。

サポートは、

①組織的なサポート
②個人的なサポート

の両方が受けられることを伝えます。

①組織的なサポート

困難な状況に陥ったとき、不安になったときに、上司である自分やチーム、部署のメンバーのほか、組織全体でサポートする体制であることを伝えます。

②個人的なサポート

困ったとき、どうすればいいかわからないときに、「この本を読むといいよ」「この人の話が参考になる」「この講座に通うといいよ」など、個人的に得られるさまざまなサポートの存在を伝えます。

⇩ステップ4　目標契約

目標についてその全体像や背景、意義の〝打ち込み〟を丁寧に行った後に、つまづきポイントの予測を伝え、不安を解消すべく、サポートの存在を知らせ、最後に行うべきは「自己決定による目標契約」です。ポイントは「どうですか？　やりたいですか？」「これが仕事の内容ですが、やってみますか？　どうしますか？」と問いかけ、**「自分で決めさせる」**ということです。悩んでいたり、納得できない様子であれば、もう一度、どの部分に引っかかりがあるのかを尋ねて、その部分をしっかりと話し合っておくようにします。「自分にとっても組織にとってもこの仕事に取り組む意義、メリットは大きい。困難もありそうだが、サポートもあるということなので、挑戦したい」という気持ちになって、自分でその目標達成にコミットしてもらうことがゴールです。

03 目標契約は何度もくり返す

「目標契約の4ステップ」を経て、部下に「その仕事、やってみます」と「目標契約」してもらったところまでいけば、一安心かというと、残念ながらそういうわけにはいきません。むしろ、そこからがスタートだと考えておく方がいいでしょう。

一度、仕事を任せて終わり、ということならば、マネジャーは必要ありません。人は「忘れる生き物」。また、**集団は放っておけば必ず「行動の硬直」「都合のよい情報選択」「仲良いものたちだけの群れ化」「役割の勝手な解釈」がはじまります。**

とにかく**目標、仕事の意義をくり返し、何度も何度も言い続けることが大切**です。

あるマネジャーは、普段職場で行っている定例ミーティングの場で、一人一人に進捗報告をさせ、その仕事が現在の会社の経営方針やプロジェクト全体の進捗状況のどこに紐づいているかを補足説明するようにしていると言います。口頭で伝えるだけでなく、ポスターにして職場に掲示したり、文書にして配ったり、メールを送ったり、改めて話し合う時間を取ったりと、いろんな形で伝え続けることを意識してください。

●集団は放っておくとパフォーマンスが下がる

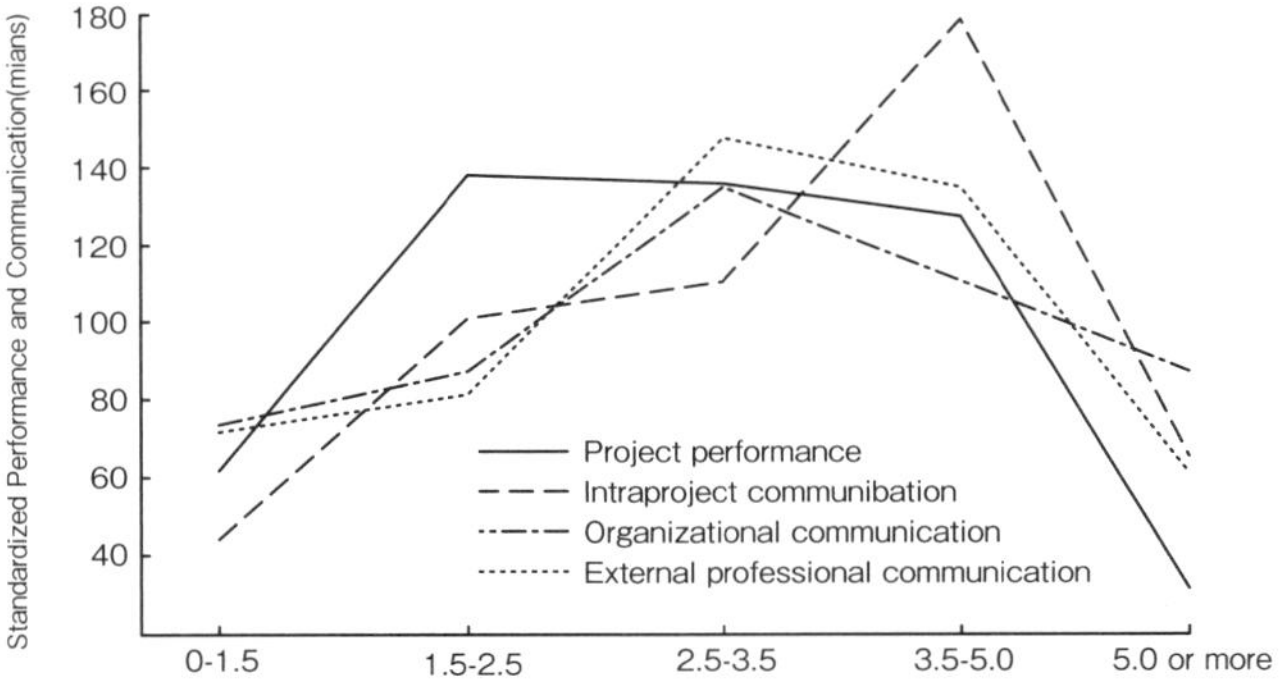
Standardized Performance and Communication(mians)
180
160
140
120
100
80
60
40
Project performance
Intraproject communibation
Organizational communication
External professional communication
0-1.5
1.5-2.5
2.5-3.5
3.5-5.0
5.0 or more

Areas of communication (means)	0-1.5 (N=10)	1.5-2.5 (N=10)	2.5-3.5 (N=10)	3.5-5.0 (N=10)	5.0 or more (N=10)	All project groups (N=50)
Intraproject communications	42.0**	101.0**	110.0**	180.0**	69.0**	100.0
Organizational communications (per person per month)	17.5*	20.3*	30.0*	25.6*	20.4*	22.8
External professional communications (per person per month)	.81*	.98*	2.04*	1.83*	0.69*	1.27

*p<.10 ; **p<.0.5
Note: A 1-way ANOVA was used to test for significant mean differences across the five group longevity categories.

Katz, R. (1982), "The effects of group longevity on project communication and performance", Administrative Science Quarterly, Vol. 27, pp. 81-104

集団は、放っておけば必ず「行動の硬直」「都合のよい情報選択」「仲良いものたちだけの群れ化」「役割の勝手な解釈」がはじまります

パフォーマンスを下げぬよう、折りに触れて、仕事の意義説明・腹落としを行わなくてはなりません！

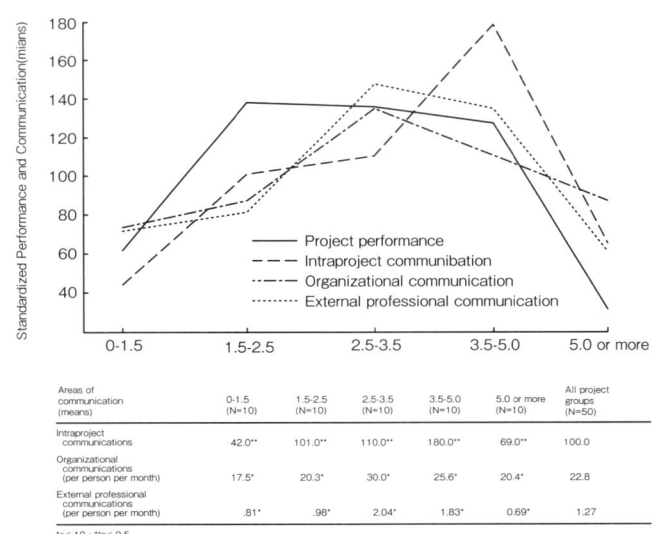

僕も一条さんのようになりたいです！
成長したいです！
だからもう逃げません!!

Part 3

振り返り（リフレクション）

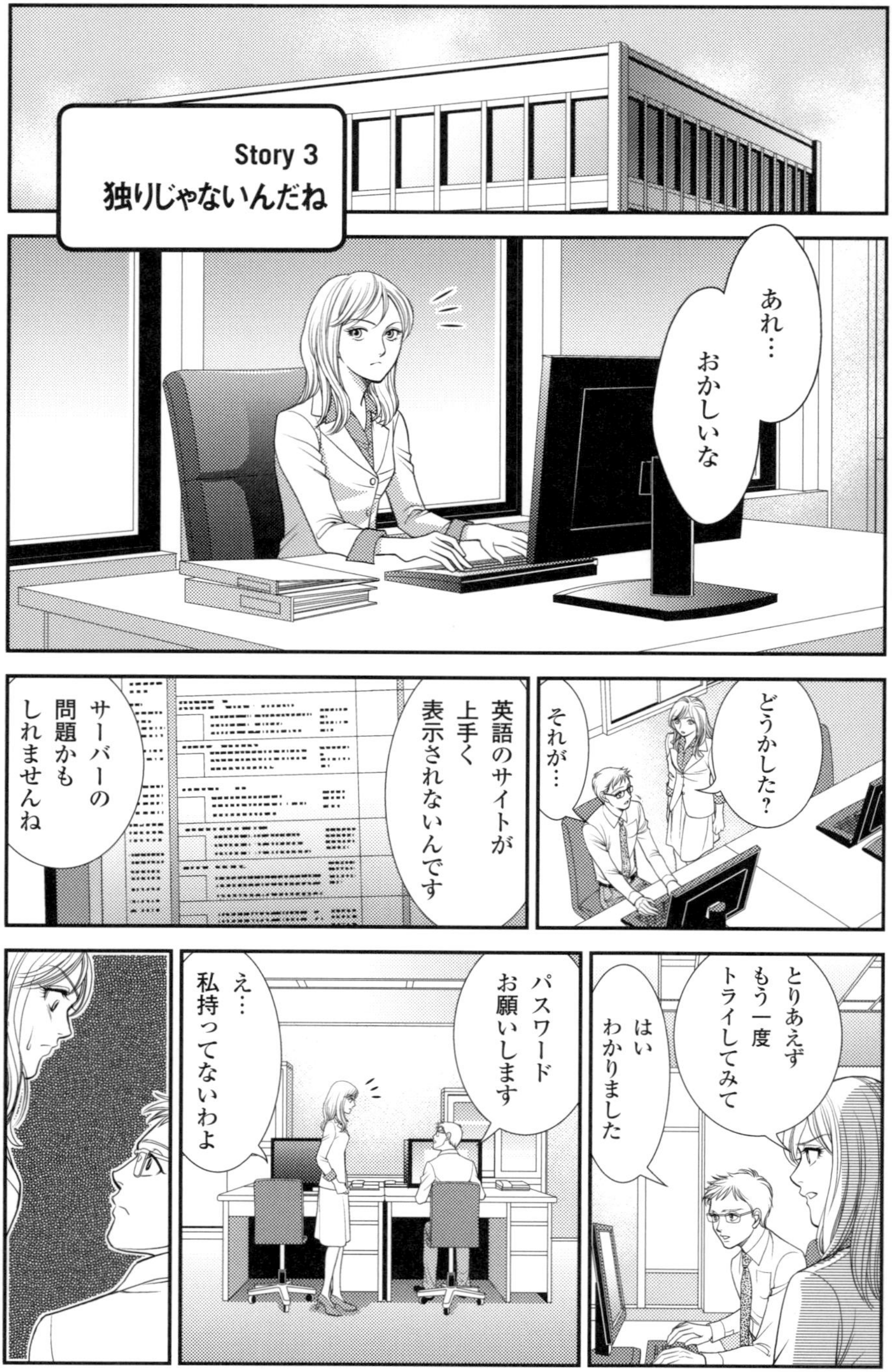
Story 3
独りじゃないんだね
あれ… おかしいな
どうかした？
それが…
英語のサイトが上手く表示されないんです
サーバーの問題かもしれませんね
とりあえずもう一度トライしてみて
はい わかりました
パスワードお願いします
え… 私持ってないわよ

数野くん パスワード知ってる？
知らないッス
パスワードを管理しているのは百田さんじゃないですか
えっ？
百田さんは子どもが熱出したからさっき早退したわよ
コホッ
コホッ
どうして誰もパスワード聞いてないの！
そんな自分たちの業務でいっぱいいっぱいですから！
とにかく電話して！
はいっ
トルルル
トルルルル
電話に出ません
ええっ
病院に行ってるんじゃないですか？
仙石くん何度も連絡してみて！
わっ わかりました！

翌日
ローンチ前
だったから大事に
ならなかったけど
パスワードを
ひとりで
管理させていたのに
気がつかなかったのは
私の責任ね
これからは
こんなトラブルが
起きないように
改善案を…
もう
大丈夫です
え…
いや…
何とかするとか
そういう問題じゃ
なくて…
私が言いたいのは
これからのことで
あ
すみません
これから
新規店舗と
打ち合わせなんで
次は
何とかします
すみません
でした
え…
あ…
そのまま
直帰しますので
よろしく
お願いします

バタン
はぁあ…
どうでしたか?
次は何とかしますって…
改善案聞きたかったのに
百田さんって頑張りすぎですよね
え
ワーキングママだから5時までしか仕事できないのに
担当してる数は俺より多い
しかも困ったら必ず私に任せてって言ってくれるから何かあると頼っちゃうんですよね
百田さんに仕事が集中してたんだ…気がつかなかった…
百

ただいま
ワー
キャー
急いでご飯作るからね
学童でお熱上がったりしなかった?
わー
…
大丈夫
いただきます
モグ
モグ
モグ
メール来てないかな
ただいまー
パパー
丁度よかった
ねかせてあげて

真弓
寝たぞ
おいおい
まだ仕事
してるのか?
カタ カタ カタ
ちょっとね
職場に迷惑
かけたくないし
真弓が
一緒に寝たいって
泣いてたぞ
ピクッ
仕事と家庭を
両立するには
仕方がないでしょ
子どもがいるって
理由で他の人達に
迷惑かけるは
嫌なの
え…

私の仕事を仙石くんと分担する…
それ…どういうことですか
この前のことなら…
いやそうじゃなくて
色々考えたんだけど
現状ではどうしても百田さんの担当オーバーワークで大変でしょ
ごめんね少し頼りすぎてたみたい
今後の案件に関しても少し考えるから
余計なことしないでください
大丈夫です
え…

理教室
…って言われたんです
私 どうしたらいいんでしょうか
本人ができるって言うから その意見は尊重したいけど…
じゃー
見るからに疲れているし
細かいミスも結構あって…
この前も仕事を持って帰ってしまったから他の段取りが滞ったこともあるんです
本人はワーキングママだからって特別扱いされるのを嫌ってるんだけど…マネジャーとして今の状態が正しいとは思えない
こういう時どうしたらいいんですか？
助けてくださいっ
ガバッ
こっちも助けて
じゃあああ…
へ
ブスブス…

プス
プス
どうしたらこうなるんですか…
見て下さい
ここ私がやります
はい
で話聞いててくれてました？
もちろん
彼女の働き方を変えられるのは彼女自身でしかない
君にできるのはその支援だけだ
え？
じゃー…
子どもの頃母親に宿題しなさいって言われたら意地でもやらないけど
自分でこのままだとやばいなぁって思うと一生懸命頑張るでしょ
いいかげん宿題しなさい！
あとでー
なるほどよくわかる
それと同じことするんだ
じゃー

ドドーン
①観　察
②目標契約
③振り返り
④フィードバック
それが振り返りだ
振り返り?
自らの問題行動を上司との対話を通して解決する
そのためには部下自らが自分自身を客観的に見られるようにならなければならない
客観的か…
じゃー
それって誰かに言われてやらされるんじゃなくて
自分で今起こっている問題に気がつきそれを自分自身で改善するってこと…?
じゃー…
その通り
そんなことできるかな…

ただでさえ意地になってるのに
大丈夫です
一人でちゃんとできます
迷惑かけたくないオーラ
自分から変えることなんて出来るとは思えない…
だから対話が必要だし
手順が大切なんだ
手順ってどんな？
自分のやった行動を意識させるため
What、So What、Now Whatで問いかけるんだ
バッ
What
何が起こったのか？
So What
何がそのままでいいのか？
何を変えなければならないのか？
Now What
これからどうするのか？
こんなパターンのハンカチもあったんですね？
プロだからね
また焦げてる…

わかりました
すぐに確認します
私にできるかな…
けどやらないと
ガルタ
お願い
百田さん 5分でいいから話できるかな
今忙しいんですけど…
ズッ
!

わかりましたよ
会議室
なんの話ですか？
チョット待ってね
えっと…
それじゃあ1つずつ説明しよう
まずはWhat
起こった出来事を具体的、かつ固有名詞を入れて部下の口から説明してもらう
具体的って？
例えばこんな感じ
私が○○をした時に誰々さんはこういう判断をして
でも私はこういうふうに思って
こういうふうにしちゃった事が結局こうなっちゃった
なるほどね
上司
部下

そんなだらだらしゃべらせていいんですか
Whatの部分は具体的に行動レベルで振り返って欲しいから問題なし！
ただ1つだけ注意してほしいんだ
それはこの段階では聞く側の上司が説教しないこと！
俺わかっているよ的に結論を先に言うマネジャーがいるが論外
コチラが望む答えが出ても出なくても黙って最後まで聞き切るんだ
話の腰を折っちゃいけないそして相手に気づかせるんだ
わ…わかりました
がまん比べね…
やるしかない
この前の パスワードをシェアしていなかった一件のことなんだけど
またそのことですかもう大変な時は休みません

なぜああいった
事態になったか
なるべく具体的に
教えて
くれないかな
パスワードわかりません
ええっ
この前
話したじゃ
ないですか
お願い
もう一度
…
私の担当していた
サイトは細かい設定を
変更してたから
パスワードを
伝えておく必要が
ありました
ただあの日は突然
子どもが
熱を出したので
サイトのことは
忘れて早退して
しまいました
うちのチームは
高木くんが
いなくなってから
1カ月も経つのに
人員の補充がないまま
もう
やってられ
ません！
辞めさせて
もらいます！
ど…
どうして？
高木くんが
なると
ガタ
みんなの仕事の負担を
考えると他の人に
迷惑をかけないように
サイトはなんとか自分一人で
頑張ろうとしていました
申し訳ないと
思っています
以上です
ありがとう
ただその結果
トラブルが起きた時
電話の着信に
気がつかず
私がパスワードを伝える
のが遅くなったために
1時間で済む作業が
5時間かかったようです
すみません
パスワードは…
わかりました
ありがとう
ございます
コンコン
ママ
しんどいよ…
それでは
次に
え…
まだあるんですか…

So What
何がそのままでいいのか何を変えなければならないのか
現状を明確にする
今回の一件で何がそのままでよくて何を変えなければいけないのかどう思う？
そのままでいいのは…他のメンバーが自分の仕事に集中できる環境が出来上がった
ひとりだと決定するのに仕事が早い
あと責任感が生まれる…
ブツブツブツ
それに…
どれだけ出るのよ
じゃ…じゃあ変えなければならないのは？
え…
う〜ん
う〜ん
え〜と…
え〜と…

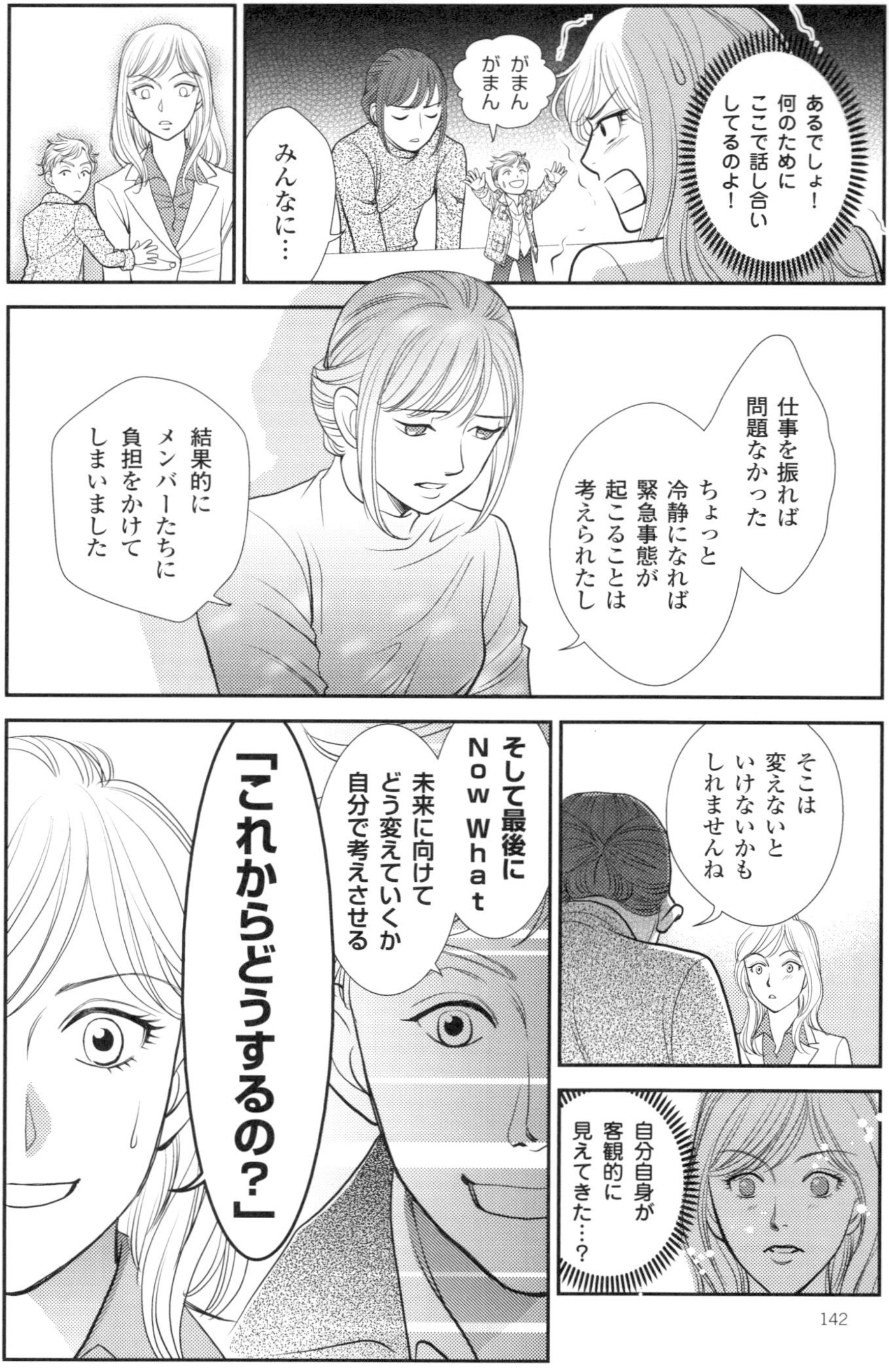
あるでしょ！何のためにここで話し合いしてるのよ！
がまんがまん
みんなに…
仕事を振れば問題なかった
ちょっと冷静になれば緊急事態が起こることは考えられたし
結果的にメンバーたちに負担をかけてしまいました
そこは変えないといけないかもしれませんね
自分自身が客観的に見えてきた…？
そして最後にNow What
未来に向けてどう変えていくか自分で考えさせる
「これからどうするの？」

私がもっと頑張ります！
ドタッ
結局
同じ結果か…
私の考えが
少し甘かったのかも
しれない
もう黙って
られない
がばっ
あのねっ
…って
思って
ましたが
こうして
話をしてみると
今の自分は
無理している
ようですね

負担をもう少し減らしてもらえると助かります
…ということで少し仕事をシェアすることになりました
みんな忙しいとは思いますが
ご協力よろしくお願いします
あったりまえじゃないですか
仕事独り占めしないでくださいよっ
チームじゃないですか？もっと頼ってください！
ありがとう

数日後
百田
ただいま
！
振り返りは悪いことだけじゃなくて良い時もやりましょう
そっか喜んで
えーと
みんな…
あの…！
えーと
なんですかあ？
仕事になりませんが…
気持ちわる…
私ほめるの下手だわ…

01 なぜ「振り返り」が必要なのか

ここまで、部下を育てるための「仕事の任せ方」4つのステップに従って、**「観察」**で部下を観察して能力や動機を理解し、**「目標契約」**で任せる仕事の全体像や目的をきちんと説明して納得してもらい、目標達成の契約をさせ、実際に仕事に取り組んでもらいました。「仕事を任せる」という意味では、任せた仕事を無事にやり遂げてもらえば、それで終わりです。しかし、さらに難易度の高い、より高い成果につながるような仕事を部下に任せていくためには、仕事経験の「振り返り」が欠かせません。

「振り返り」とは、ざっくり言うと**「過去と現在を見つめ、未来の行動や指針をつくる活動」**です。日常的に、あるいは、一通りの仕事が終わった時などに、自分の経験を振り返り、過去、現状、目標を意識化させ、整理する機会を与えて、経験から自分なりの教訓を導きだすことを意味しています。こう書くと少し難しそうですが、1日の仕事が終わったところで、「今日は午前中は暇だったけど、午後はお客様が多くて忙しかったな。忙しいせいでミスをして周囲に迷惑をかけてしまったな。明日からはミスを減らせるよう、時間があるときに準備を整えておこう」などと1日の仕事を振り返って考えることはありませんか。これも立派な「振り返り」です。

なぜ「振り返り」をする必要があるのでしょうか。それは**仕事経験についての「振り返り」をすることが「仕事能力の成長」につながる**からです。

初めて行う仕事を任せられたときのことを思い浮かべてください。あなたは、いろんなやり方を試しては失敗したり、他の人のアドバイスを求めたり、無我夢中であれこれ試行錯誤したりしながら、なんとかしてその仕事をやり遂げることでしょう。

では、次にその仕事と同じような仕事が振られたときには、どうでしょうか。初めての時よりもスムーズにうまく仕事ができるようになっ

●「仕事の任せ方」4つのステップ③

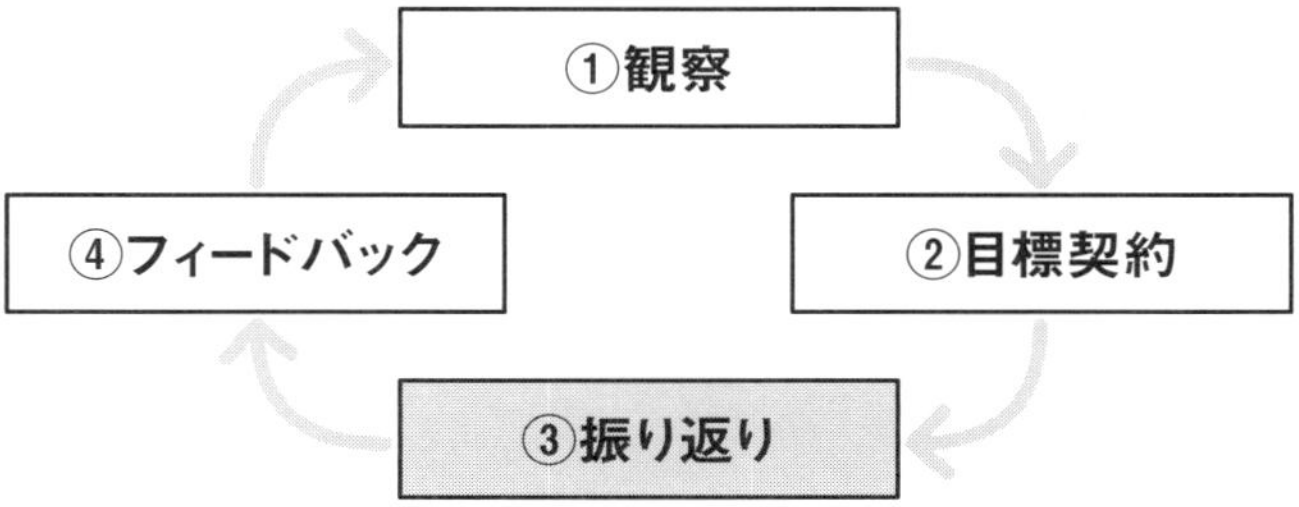
①観察
②目標契約
③振り返り
④フィードバック

ているはずです。それは、前にやったときのやり方や考え方、ノウハウを活かすことができるからです。しかし、仕事をやりっぱなしにしていると、時とともに、せっかく見つけた上手なやり方や考え方、身につけたはずのノウハウも忘れてしまいがちです。そうなると、また同じ失敗をくり返すことになります。仕事を通して経験したことを、その都度、きちんと振り返り、そのノウハウやり方、考え方など学んだことを教訓とすることで、より成長が促されるというわけです。

このように、少し背伸びをした仕事に取組み、その仕事経験を振り返り、自分なりのノウハウや流儀、持論に落とし込むことが成長につながるという考え方は「経験学習理論」と呼ばれていて、今の人材開発、人材育成の基本的な

●ディビット・コルブの経験学習サイクル

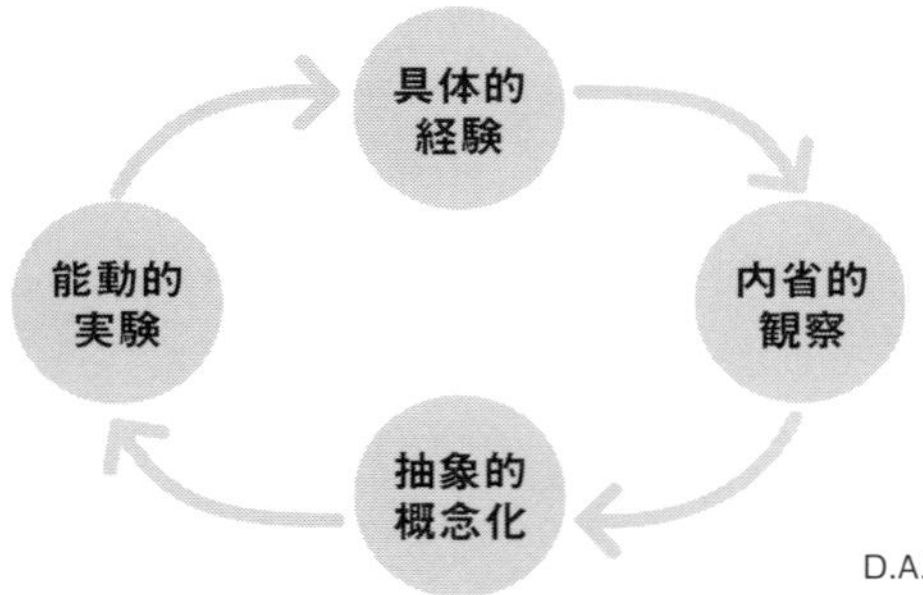
具体的
経験
内省的
観察
抽象的
概念化
能動的
実験

D.A.Kolb 1984

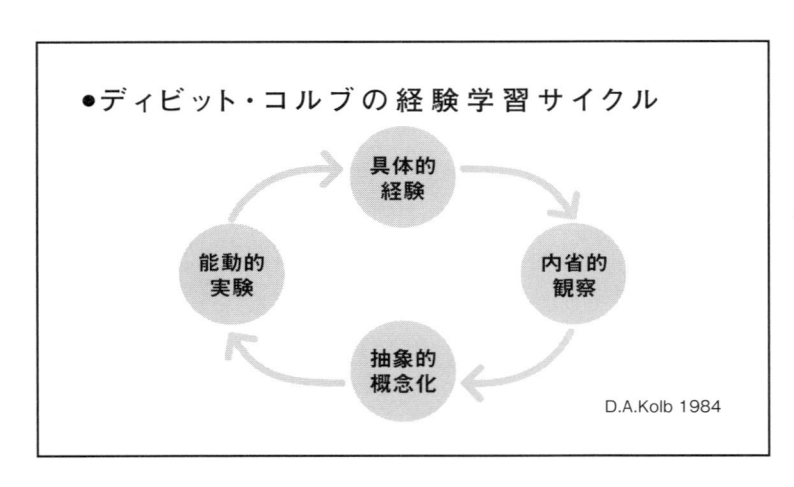

考え方となっています。ディビット・コルブという学者が提唱する「経験学習サイクル」は、その代表的なモデルです。「振り返り」には、仕事経験を通じて、次に活かすための教訓を引き出し、成長を促すという意味があるのです。

02 「振り返り」は What? So what? Now what? で問いかける

仕事経験の「振り返り」をすることは1人でもできますが、他の人から問いかけられることで俯瞰《ふかん》的な視点や新たな視点を得られ、過去や現状、目標を意識化して整理することができたり、自分では気づいていなかった行動の癖や考え方などに気づくことができるようになったりと、その効果は高くなります。

また、上司と共に「振り返り」をすることで、日々の仕事の成否にとらわれて見失いがちな仕事の意味や全体像を改めて確認したり、自分自身では意識できないような「目標契約」でコミットした目標とのギャップに気づくこともできます。

人事の世界では、「自分の認識」と「他者から見た自分の認識」に「ズレ」があることを示すモデルとして「ジョハリの窓」がよく知られています。151ページの図にあるように、自分には「他者から見えているけれど、自分にはわかっていないし、気づいていない（Ⅱの領域）」ような「自己の盲点」となるような領域が存在するということです。「他者から見えているけれど、自分には見えていない盲点」を理解するには、他者からの指摘が重要です。他者から問いかけられることによって自分を振り返り、自分にわかっている「開放の窓（Ⅰの領域）」や「秘密の窓（Ⅲの領域）」だけでなく、自分にわかっていないが、他人にわかっている「盲点の窓」を見ることができるとも言えます。

ただし、上司が部下に「振り返り」を促す際は、信頼関係と話しやすい雰囲気があることが大前提です。これらがないまま「振り返り支援」を行っても、部下は思ったことを話せなくなってしまい、むしろ逆効果となる場合もあります。「振り返り支援」は、相手を叱ったり、詰めたりする目的で行うのではなく、あくまでも、自分の仕事経験を振り返ってもらい、自分自身で教訓を引き出すための手伝いをすること

●ジョハリの窓

	自分にわかっている	自分にわかっていない
他人にわかっている	Ⅰ 開放の窓 「公開された自己」 (open self)	Ⅱ 盲点の窓 「自分は気がついていないものの、他人からは見られている自己」 (blind self)
他人にわかっていない	Ⅲ 秘密の窓 「隠された自己」 (hidden self)	Ⅳ 未知の窓 「誰からもまだ知られていない自己」 (unknown self)

が目的です。

マンガの中でも、三鷹が麻里奈に「彼女の働き方を変えられるのは、彼女自身でしかない」と説いたように、そもそも**人は自分から気づかない限り、自分を変えることはできません**。ですので、詰問したり、責めたりするのではなく、冷静に問いかけ、相手に話してもらうようにしましょう。

「振り返り」を促す問いかけのポイントは、部下が自分の行動を客観的に分析できるよう、自分の過去、現在の状況を言葉にさせることです。

「振り返り」で話してもらうポイントは、

「What?（何が起こったのか?）」

「So what?（それはなぜなのか?）」

「Now what?（これからどうするのか?）」

の3点。この順で問いかけていき、話してもらうようにします。

最初の「What?（何が起こったのか?）」では、過去や現

在の行動や状況などを、5W1H（いつ、どこで、誰が、何を、なぜ、どのように）の情報を含めつつ、なるべく具体的に、そのプロセスや状況を描写してもらうようにします。実際、起きたできごとを詳しく話してもらおうとすると、意外と難しいものです。業務上の報告や連絡を行うときのように、つい簡潔に話すことを求めたくなりますが、そこはぐっと我慢して、じっくりと話に耳を傾けるようにしましょう。

次の「So what?（それはなぜなのか？）」では、what で語られた行動、経験はなぜ起きたのかについて語ってもらいます。何が良くて、何が悪かったのか、原因はどこにあったのかを考えて、本当の原因が何なのかを部下に口にしてもらうようにします。部下にプロセスを細かく話してもらうのは、部下が経験したことをど

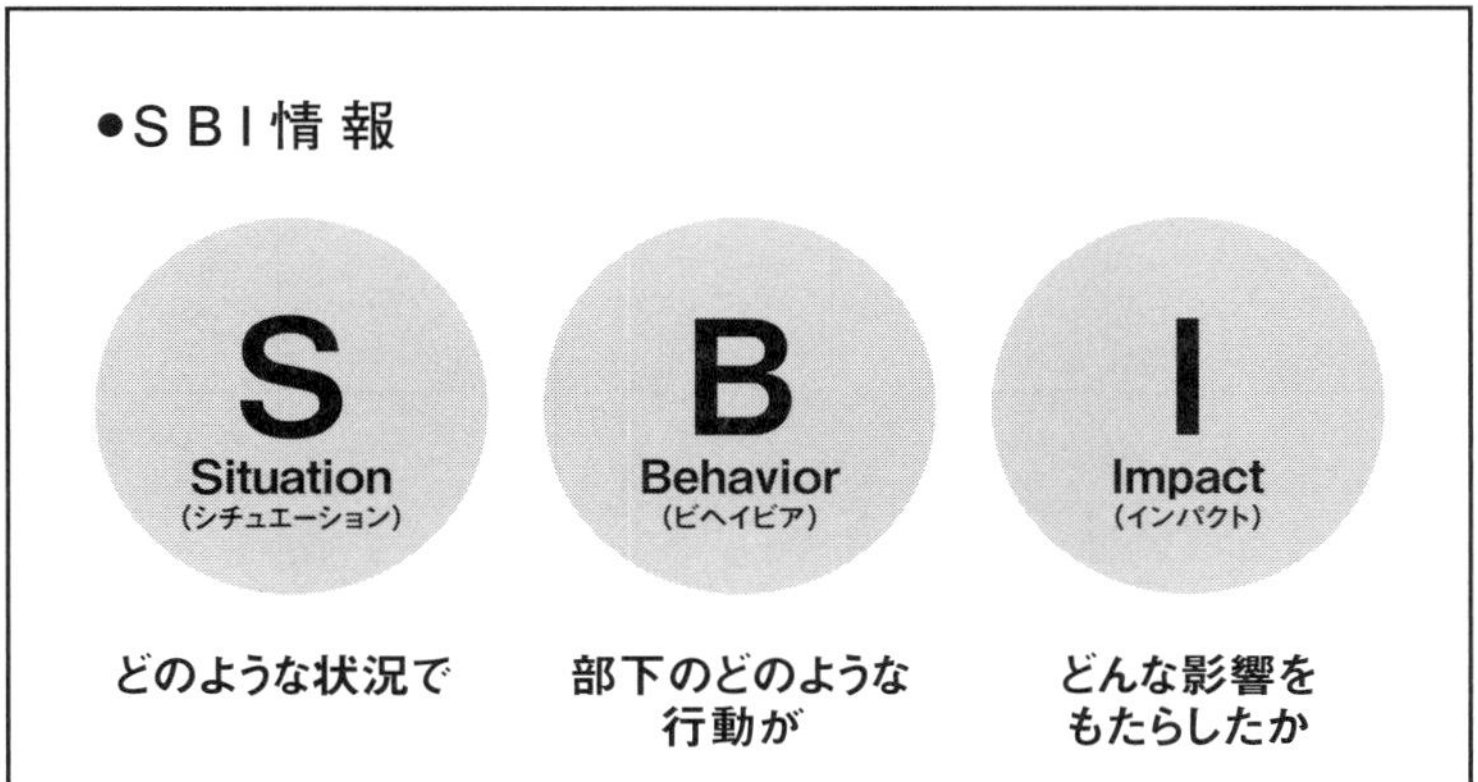

のようにとらえているのかを知るためです。
部下の話を聞く際に注意するポイントは**SBI情報（Situation＝どのような状況で、Behavior＝部下のどのような行動が、Impact＝どんな影響をもたらしたか）**です。ＳＢＩを意識して部下の話を聞くと、とらえている事実が断片的なものであったり、一方的なものの見方をしていたりすることがわかってきます。また、後述しますが、ＳＢＩ情報は、部下に耳の痛いことをフィードバックするときにも用いることができます。
たとえば、百田さんは麻里奈との最初の面談で、今回のトラブルを、
Ｓ＝他のメンバーがログインパスワードを知らずサーバーの再起動ができなかった
Ｂ＝パスワードを管理する自分が子どもの熱で早退したから
Ｉ＝運営サイトに表示トラブルが起きた
と、とらえていました。そのため、「二度とないように頑張ります」といった言葉で面談を終えていました。

私の担当していたサイトは細かい設定を変更してたからパスワードを伝えておく必要がありました
ただあの日は突然子どもが熱を出したのでサイトのことは忘れて早退してしまいました

しかし、後半の面談では、同じ事実を、

S＝他のメンバーがログインパスワードを知らずサーバーの再起動ができなかった

B＝自分が一人で抱え込みすぎ、パスワードを他のメンバーと共

　有していなかったから

I＝運営サイトに表示トラブルが起きた

と、とらえなおすことができ、業務量を調整したり、他のメンバーに協力を求められるようになりました。上司は問いかけを行いながら、そのできごと、経験したことの本質がどこにあるのかを、部下とともに探っていくようにします。

「Now what?（これからどうするのか?）」では、できごとの本質、真因を知った上で、今後どのようにしていくのかを、決めて話してもらうようにします。何を決めたのかは、上司と部下の間できちんと共有するようにしましょう。

仕事を振れば問題なかった
ちょっと冷静になれば緊急事態が起こることは考えられたし
結果的にメンバーたちに負担をかけてしまいました

「振り返り」を促す問いかけのコツ

03

経験の「振り返り」をきちんと行うことは、部下を育てるうえで、一番重要なポイントです。しかし、問いかけてもなかなか言葉にできない人もいますし、問いかけ方がうまい人も下手な人もいます。これはくり返し「振り返り」の機会をもって、慣れていくしかないところもありますが、いくつかコツもあります。

まず、部下に経験を振り返って話してもらう上で、一番大事なことは、**相手の話に耳を傾け、言葉を待つ姿勢で臨むこと**です。上司の側が最初に結論や答えを持っていて、「言わせよう」「わからせよう」という威圧的な態度で「ほら、そこ、そこだよ」などと決めつけた言い方をしたり、話の途中で「いやいや……もっと他にあるよね」などと言葉をさえぎったり、「つまり、こういうことだよ」などと、結論を言ってしまったりすると、部下は「落としどころ」を探り、上司の顔色を見ながら言葉を選ぶようになってしまいます。きちんと部下に経験を振り返らせるためには、部下が自分の言葉で語るまで、辛抱して相手の話を「聞き切る」態度が重要です。

また、**「振り返り」を促すことと、「謝らせる」こととは異なります**。部下の口から「私が悪かったです」「今度から気をつけます」「次は頑張ります」という言葉を聞くと、上司はすっきりした気持ちになるかもしれませんが、それではなんの解決にもなりません。次はどのような行動を取ればいいのか、自らの言葉で語ってもらえるようにするのがゴールです。

「問いかけ」をする上でのポイントは、結果ではなく、その過程の行動や考え方についてを語ってもらうようにする、ということです。158ページの振り返りプロセスに合わせた「問いかけ」の例も参考にしてください。起こったできごとについて、自分が何を考え、どのような思いで、どう行動したのかを、時系列で具体的に話してもらいます。言葉に詰まったら、適宜、「その時、どう思ったの」「誰がいて、何をしたの」といった問いかけをして、「振り返り」を促します。

とはいえ、どう問いかけても、なかなか言葉が出ない人もいます。問いかけても、単語しか出てこない、などというタイプの人には、イエス、ノーでしか答えられない、クローズドクエスチョンを投げかけるという方法もあります。例えば、「あの時、これはまずい、という気持ちはあったんだよね」といった問いかけであれば、イエス、ノーで返事ができます。その後に、「どうしてまずいと思ったの?」など、オープンな質問をする、という

●振り返りプロセスに合わせた「問いかけ」

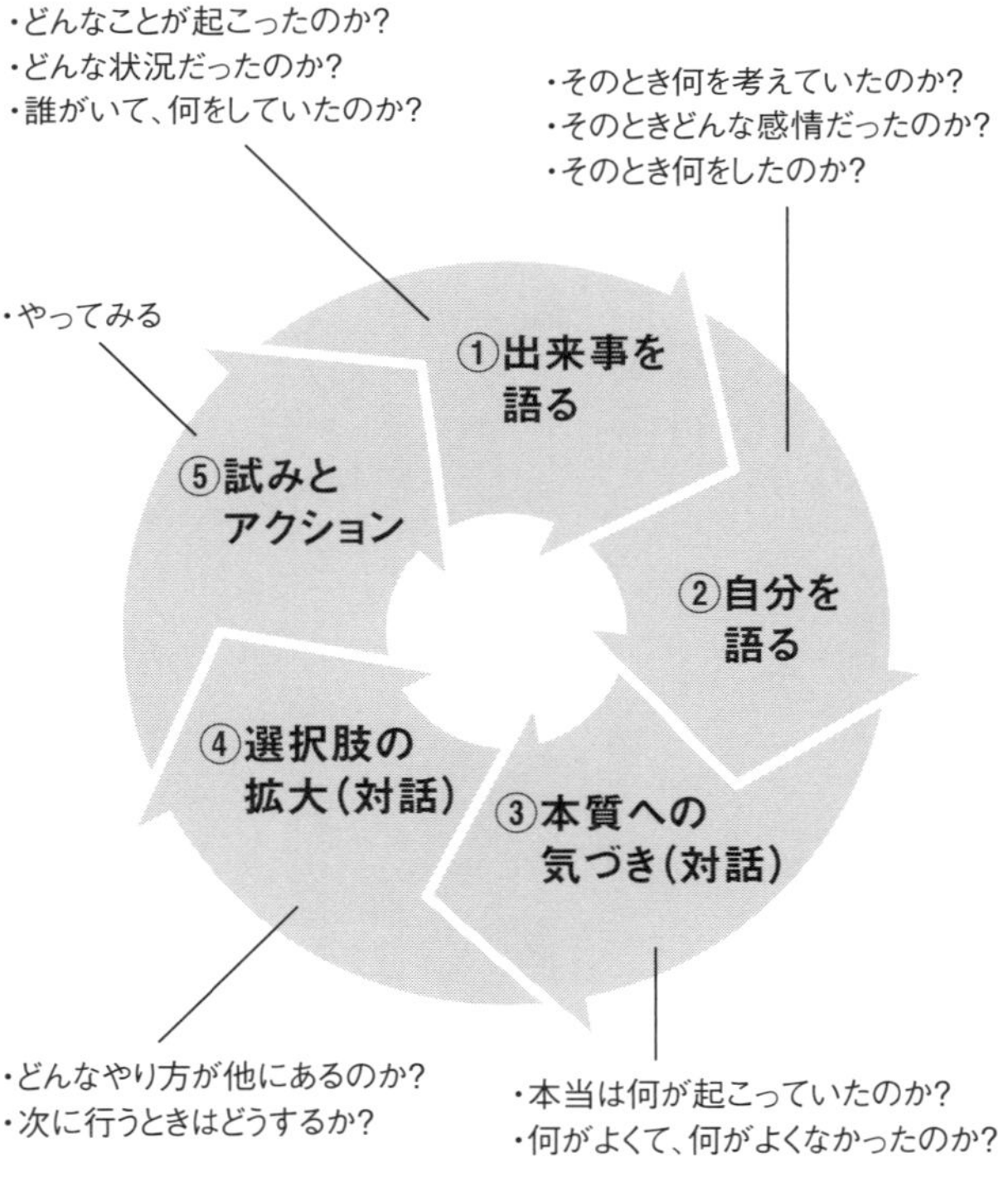

・どんなことが起こったのか?
・どんな状況だったのか?
・誰がいて、何をしていたのか?
・そのとき何を考えていたのか?
・そのときどんな感情だったのか?
・そのとき何をしたのか?
・やってみる
①出来事を語る
⑤試みとアクション
②自分を語る
④選択肢の拡大(対話)
③本質への気づき(対話)
・どんなやり方が他にあるのか?
・次に行うときはどうするか?
・本当は何が起こっていたのか?
・何がよくて、何がよくなかったのか?

Fred A.J. Korthagen著, 武田信子監訳,今泉友里,鈴木悠太,山辺恵理子訳『教師教育学—理論と実践をつなぐリアリスティック・アプローチ』(学文社)のモデルを基に著者作成ように、**クローズドクエスチョンとオープンクエスチョンを組み合わせていくと、少しずつ言葉になっていきます**。また、「一度、何があったのか整理してメモにまとめてみて」と、箇条書きで書きだしてもらう、というのも有効です。その際は、「始末書」や「報告書」のような形ではなく、あくまでも、事実だけを振り返ってもらうメモの形で書いてきてもらい、それをもとに話す、という形をとるようにしましょう。

04 日常に「振り返り」を埋め込み、習慣にする

部下育成のポイントとなる仕事経験の「振り返り」はいつ、あるいはどの位の頻度で行うべきでしょうか。

1対1でじっくりと話をする面談のような形の「振り返り」は、トラブルや大きなできごとが起こった直後など、起きたできごとを生々しく思い出せるタイミングで行うのが良いでしょう。また、何かのプロジェクト終了時、あるいは期末、期初などの目標面談時など、節目となる際も、振り返り時間をじっくりと取るべきです。

一方で、日常的に「振り返り」を行うことも重要です。短くてもいいので、なるべく頻度を高く「問いかけ」を行うことで、振り返る習慣をつけていくことができます。おすすめなのは、1日に何度か職場をうろうろし、部下に声をかけて回る「遊泳」です。その際は、メンバー一人ひとりに「調子はどう?」「どこまでできた?」などとごく短く現状確認の問いかけをしていきます。目標に向かって順調に取り組めているのか、何か課題があるのか、進捗状況はどうなのか、少し手を止めて話をするだけで、「振り返り」をすることができます。

また、**「振り返り」の習慣を日常的なルーティンとして埋め込む**こともおすすめです。例えば、1日の最後に職場全体で集まる時間を設け、そこで1日の業務についての振り返りを行う、毎日簡単な業務日報を書かせることで振り返りを促す、といった方法もあります。

飛行機のパイロットやCAさんたちは、フライト前だけでなく、フライト後にも「デブリーフィング」というミーティングを行い、フライト中に起こったできごとや、自分の行動、目標の達成度などについて振り返る時間を設けているそうです。IT企業の中には「朝会」や「夕会」と称して、同様の振り返りを行なっているところもあります。

また、最近では1on1ミーティングといって、1週間に1度、30分程度、上司と部下との面談の機会を設けている職場も増えています。このような日常的な「振り返り」の機会の場合は、「What?（何が起こったのか?）」で、「今、どんな状況?」「何かあった?」「話したいことある?」など、現状を確認するような問いかけを行い、「So what?（それはなぜなのか?）」では、何がこのままでよくて（Keep）、何を変えなければならないの（Problem）について再認識し、「Now what?（これからどうするのか?）」で「これからどうするのか」を考える、といったステップで「振り返り」を行うといいでしょう。

●振り返り：日常的に問いかける！

①
What?

調子はどう？
何かあった？
話したいことある？

②
So What?
(Keep & Problem)

何がこのままでよくて（keep）
何を変えなければならないの（Problem）

③
Now What?
(Try)

これからどうするの？

「振り返り」というと、毎回、面談のようなきちんとした形でやらなくてはならない、きちんとステップを踏んでやらなくてはならない、と思われがちですが、必ずしも、そうとは限りません。最初は「型」を意識して実践なさるのがよいとは思いますが、だんだんと慣れてきたあとには、「守破離の精神」で自分なりのやり方を実践するとよいと思います。また、「振り返り」を促すための気の利いた「問いかけ」や「アドバイス」ができないと悩まれる方もいますが、まったく問題ありません。大切なのは、相手の話を「聞く」ことだからです。話しやすい雰囲気をつくり、自分の言葉で話してもらえればそれでいいのです。

さらに言えば、トラブルやミスなどのときだけでなく、うまくいったとき、成功したときこそ、「振り返り」が重要です。「今回、うまくいって良かったね。どうやってやったの？」と褒めながらさりげなく声をかけてみるだけでもいいのです。そして、「なるほどね、そうやったら、うまくいったのですね。ぜひ次も続けてください」と返してあげる。そんな**日常的な声がけが、部下の成長を促します**。

自分のやった行動を意識させるため
What、So What、Now Whatで問いかけるんだ
バッ
What
何が起こったのか?
So What
何がそのままでいいのか? 何を変えなければならないのか?
Now What
これからどうするのか?

Part 4

フィードバック

Story 4
ボスキャラ登場!?
みなさん ようやく 待望の新戦力が きてくれました
大竹礼二
営業で 25年やって きました
年上の部下
大竹　礼二(49)
思ったよりも ベテランだ
貫禄が ある人ね
大竹さんには サイトに参加し てくれる店舗の 開拓を お願いします
任せなさい
さぁ サイト公開まで あと少し 頑張りましょう
はいっ

1週間後
料理教室
ズー
ーン
どうしたの
美味しくない？
いえ…
仕事のストレスで
味がわからなくて
僕の料理の味が
わからないなんて
何かあった？
じ…じつは
ずっと人事部に
お願いしていた
人員がようやく
補充されたん
ですけど…
色々とトラブルが
起きてしまって…
トラブル？

悪気がないようなんですけどチームの輪を乱して…
営業の基本は昔からこうだろ
1回目は自分を知ってもらう
2回目で困っていることを知る
そして3回目で交渉に入るもんだろ
百田
お母さんは子どもと一緒にいるって決まってるだろ
かわいそうじゃないか
大きなお世話です
仙石
お前は仕事のやり方を知らんのか
俺が若い頃はな…
す…すみません…
チームのみんなのテンションが下がること平気で言うんです
はあああ…
年上の部下の扱い方は永遠の課題だからね

年長者には経歴や経験がある分敬意を払ってはいます
でも立場上言わなきゃと思って注意したんです…
けど…
部下への教育が出来てないから言ったんだ
ちゃんと指導してから言いなさい
う…
す…すみません
返り討ちにあいました
しかも営業手法が古くて全然数字が上がらない
お願いしていたリスト一件も契約が取れてないんですけど…
そんなところ契約取っても意味がないだろ
私はチームで仕事をしてほしいんです
そして数字も上げてほしい
現状を打開するにはフィードバックが必要だろう
フィードバック？

フィードバックとは
情報通知
つまり耳の痛いこと
であっても
情報や結果をちゃんと
通知すること
①観　察
②目標契約
③振り返り
④フィードバック
そして
立て直しだ
部下が自分の
パフォーマンスを
認識し行動計画を立てる
支援をすること
みなさん おいしいですか
ただ
やり方を間違えると
パフォーマンスの
向上につながらない
低下する
ことだって
ある
ビク
え
そうなん
ですか…
これ以上
パフォーマンスが
下がったら
うちの部署
どうなるっての…
…
年上の部下を
立て直すか
あきらめるか
立て直す場合は
時間も体力も使う
ことになるだろう
グリッ
君が立て直すのを
あきらめるなら
え

他部署に移ってもらうことも
選択肢のひとつとして
考えた方がいい
いわゆる血生臭い
方法ってやつだ
マネジャーは腹をくくって
決断することも必要だ
それって
つまり――
大竹さんに
戦力外通告しろってこと

おい
聞いてるのか？
もう帰るのか
おつかれさまです
なんだその顔は
無愛想ですから
…
大竹さん
他部署に移ってもらうことも選択肢のひとつとして考えた方がいい

戦力外には しません
どういう縁か わかりませんが 私のチームに 来てくれたんです
以前高木くんが 辞めて しまった時 私の甘い認識で 1人の人生を 大きく変えて しまった
もう やってられ ません！ 辞めさせて もらいます！
ど… どうして？
高木くんが いなくなると 困るわ！
もう二度と あんなことは したくないんです
必ずチームの 一員として 働いてもらい ます
ちょっと話 いいですか

会議室
わざわざこんな遠い会議室まで…
なんの話だ？
…
私も忙しいんだ
そう
立てなおすことを選ぶんだね
だったら教えようフィードバックを
さすがにもう驚かない
これが流れだ！
この順で丁寧にしかも何度もくり返すんだ！
事前 SBI情報の収集
①信頼感の確保
②事実通知
③問題行動の腹落とし
④振り返り支援
⑤期待通知
狭義のフィードバッグの本体
フィードバックの手続き
事後 フォローアップ
「事前のSBI情報の収集」はあとで説明する
まずは①信頼感の確保から
①信頼感の確保

話し合うのに大切なのが部下の「心理的安全」や「信頼感」の確保
他の人に情報が漏れないような場所を選ぶんだ
ここの方が話しやすいと思いまして…
どうですか？うちの部署は慣れましたか？
そうだね
仲良しグループのようでうんざりしてる
ガサ
会社に馴れ合いなどいらない
ガサ
まーそれとあとはー
キャー
雑談で相手のことを考えていますよという印象を与えて過剰な緊張をほぐす
緊張しているとは思えないけど…
それと礼儀がなっていない
次のステップに移ってもいいかな
①信頼感の確保
②事実通知
事実通知とは鏡のように情報を通知すること
鏡？
パカッ

収集した相手の問題行動を「鏡」のように目の前に映しだし
客観的かつ正確に事実を通知していくことさ
できるだけ主観や感情を排除し起きている事実を起きている通りに伝える
本当の自分だよ
肌が荒れてる…
ひぃぃ…
けどいざとなったら何を伝えればいいのかわからなくなりそう
そのために必要なのがSBI情報だ
SBI情報？
SBI情報とはこういうこと
ここね
S…シチュエーション
どのような状況で…
B…ビヘイビア
部下のどんな振る舞いが・行動が…
I…インパクト
どんな影響をもたらしたのか何がダメだったのか
部下の行動を事前に観察して徹底的にデータを収集しそれを基に話をするんだ
なるほど
あと話し合いをはじめる時は回りくどい言い方をしない
「ところで今日来てもらったのは、あなたの普段の行動で改善してほしいと思っていることがあるからなんだ。これから少しそのことについて一緒に話し合いたいと思う」

ズバッと核心を突く
バッ
今日来てもらったのは一緒に改善策を考えたいんです
改善だと…？
今回プロジェクトの店舗開拓を担当してもらいました
シチュエーション
期待してたんですが大竹さんの営業手法とマッチしていないようで
ビハイビア
インパクト
1件も契約がとれてませんね
今のお客さんに響くように仕事のやり方を変えてほしいんです！
ドキ
ドキ
言ってしまった…
まぁ落ちついて
ドキ
ドキ

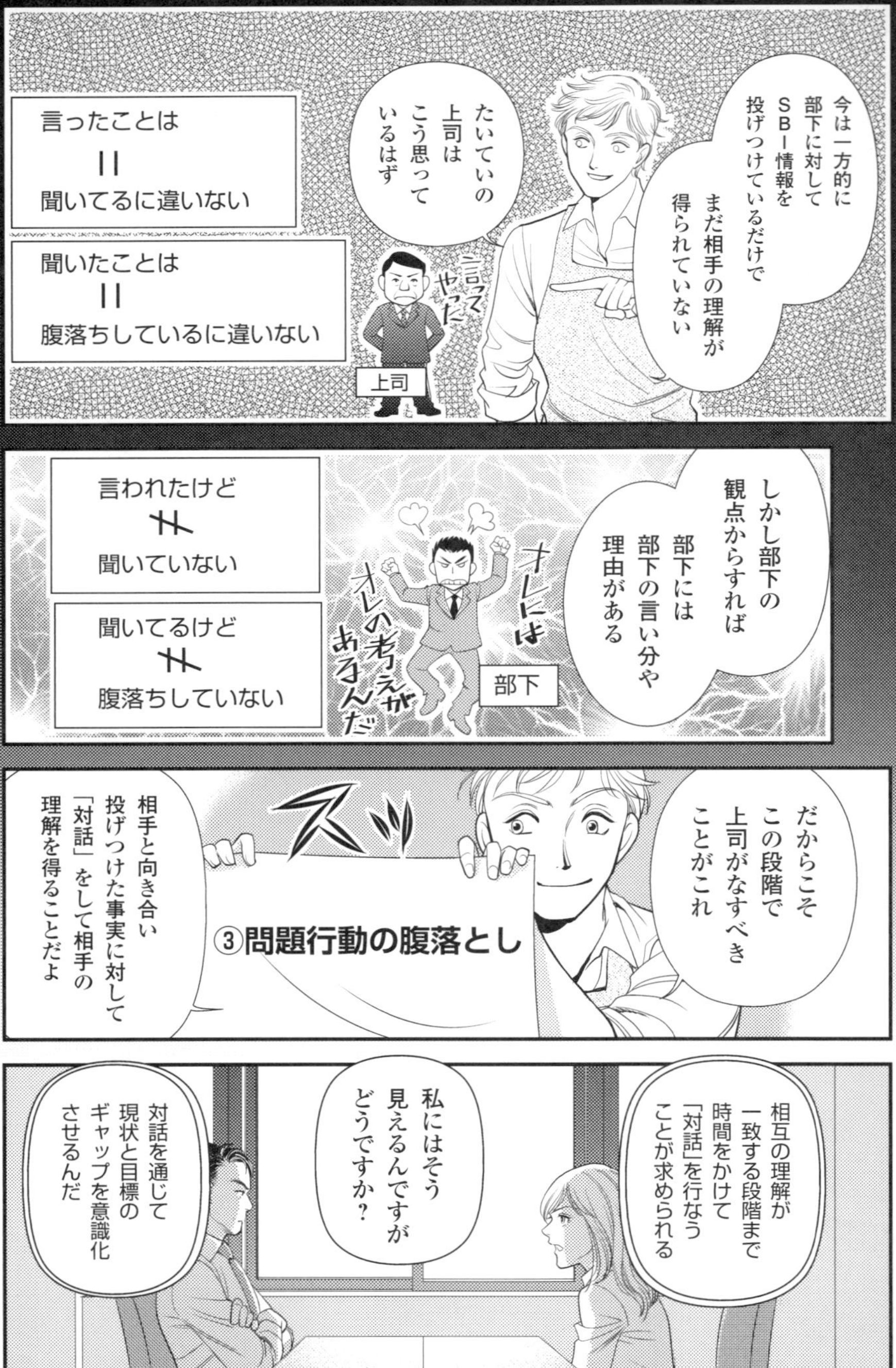
今は一方的に部下に対してSBI情報を投げつけているだけで
まだ相手の理解が得られていない
たいていの上司はこう思っているはず
言ってやった
上司
言ったことは
＝
聞いてるに違いない
聞いたことは
＝
腹落ちしているに違いない
しかし部下の観点からすれば
部下には部下の言い分や理由がある
オレにはオレの考えがあるんだ
部下
言われたけど
≠
聞いていない
聞いてるけど
≠
腹落ちしていない
だからこそこの段階で上司がなすべきことがこれ
スッ
③問題行動の腹落とし
相手と向き合い投げつけた事実に対して「対話」をして相手の理解を得ることだよ
相互の理解が一致する段階まで時間をかけて「対話」を行なうことが求められる
私にはそう見えるんですがどうですか？
対話を通じて現状と目標のギャップを意識化させるんだ

何を勝手なことを
何年営業していると思っている
営業の本質は
今も昔も変わっていない
改善の必要などないっ!
けど契約が取れていないのも事実 ローンチまで時間もありません
一緒に考えませんか
もう少し話をしましょう
今の現状がめざすべき目標と相当かけ離れていることをしっかり認識してもらい
自分の行動が問題であることを理解していなければならない

BONBON
BONBON
で…どうだったかな？
結論は出なかったです
けど今後も何度か話をするつもりです
自分の言葉で言ってもらうことが大切だからね
④の振り返り支援だな
はい
①信頼感の確保
②事実通知
③問題行動の腹落とし
④振り返り支援
⑤期待通知
過去と現在をもう一度しっかりと振り返り
未来の新たな行動計画や目標をつくりだしていく
まずは大竹さんにも自分の過去・現在の状況を「言葉にさせる」ようにしたい
一回やってるから慣れたもんだな

百田さんの時の What? So What? Now What? ですよね
自分のやった行動を意識させるため
What、So What、Now Whatで問いかけるんだ
バッ
What 過去
SoWhat 現在
NowWhat 目標
そうだ 適切な質問で 狭くなっていた 視野を広げ冷静に 分析できるようにする
何が そのままで いいのか 何を変えなければ ならないのか
ただ 言いっぱなしでは だめだ
コト‥
⑤の 期待通知 ですよね
自己効力感を 高めてコミット させる
大竹さんの 活躍を 期待しています
上司から しっかりと 期待していることを 伝える
そして最後に フォローアップ
フィードバックは 面談だけでは 終わらない
狭義のフィードバックの本体
②事実通知
③問題行動の腹落とし
事後
そこからの フォローアップと モニタリングが大切
時間が かかるかも しれませんが…
フィードバックは 私が選んだ道です

数週間後
バタン
麻里奈姐さん
また新規店舗
三件開拓しました
最近
絶好調っ
あれ
麻里奈
姐さんは？
また
大竹さんと
会議
また
やって
るんだ？
あんな
おっさん
使えないだろ
昔はやり手
だったかも
しれないけどさ
！
今じゃ会社の
不良債権って
感じじゃね？
それは
僕らも
一緒でしょ
は？

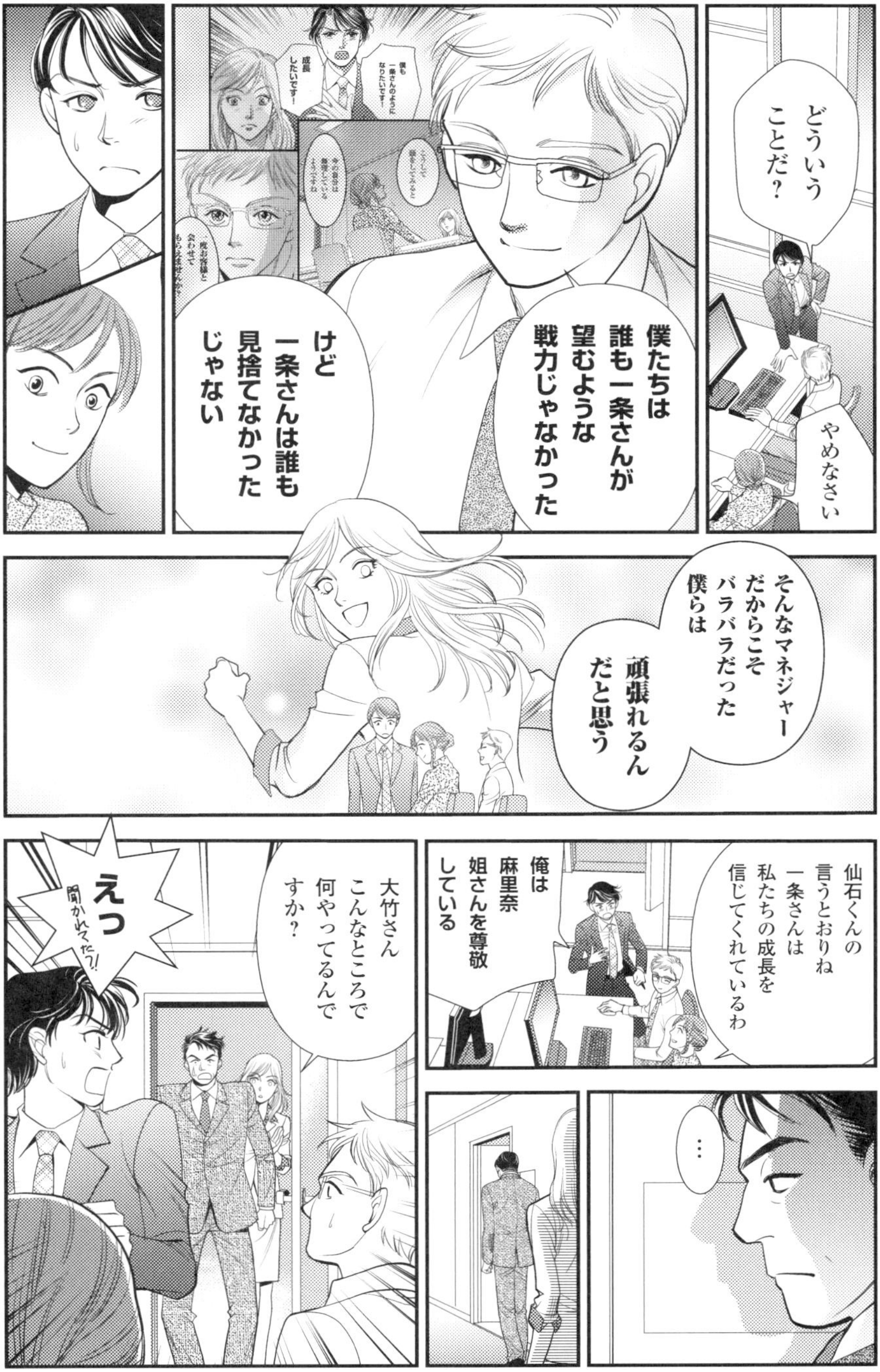
どういうことだ？
やめなさい
僕たちは誰も一条さんが望むような戦力じゃなかった
僕も一条さんのようになりたいです！
成長したいです！
けど一条さんは誰も見捨てなかったじゃない
そんなマネジャーだからこそバラバラだった僕らは
頑張れるんだと思う
仙石くんの言うとおりね一条さんは私たちの成長を信じてくれているわ
俺は麻里奈姐さんを尊敬している
大竹さんこんなところで何やってるんですか？
えっ
聞かれてた?!
…

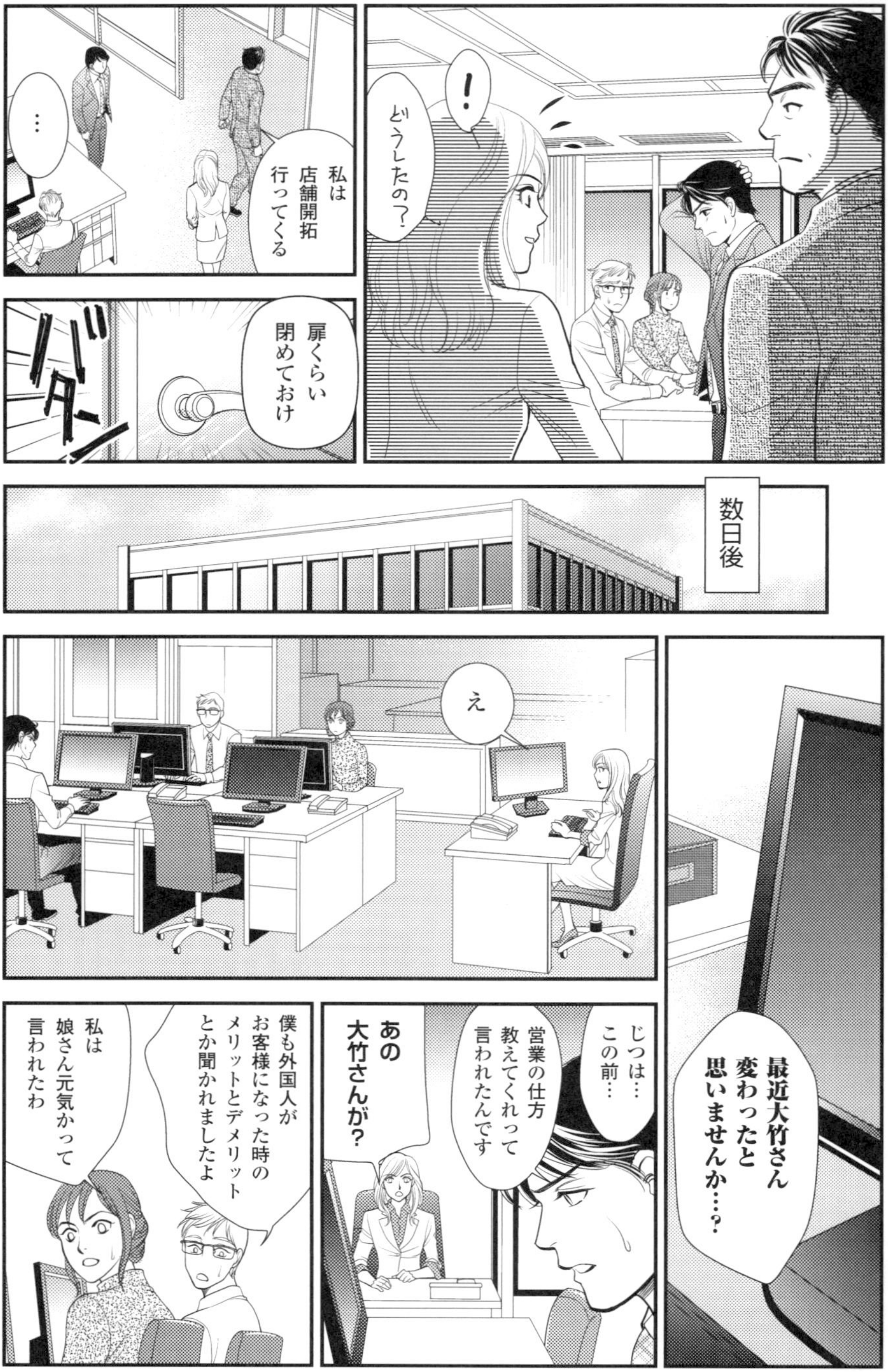
！
どうしたの？
…
私は店舗開拓行ってくる
扉くらい閉めておけ
バタン
数日後
最近大竹さん変わったと思いませんか…？
え
じつは…この前…
営業の仕方教えてくれって言われたんです
あの大竹さんが？
僕も外国人がお客様になった時のメリットとデメリットとか聞かれましたよ
私は娘さん元気かって言われたわ

大竹さんに
何が…
会議室
契約書
すごいじゃないですか…
いきなり五件も契約とってくるなんて
本当にやり手だったんですね
契約書
メンバーのおかげだ
メンバーの？
数野には店舗へのアプローチを教えてもらい
仙石には外国人旅行者の特性
百田には私の話し方のどこがいけないのかを聞いた

大竹さん どうしたんですか…
君はリーダーとして慕われているようだね
なっ なんですか いきなり
俺は昔…
上司に仕事の手柄をとられたことがあってな
えっ
それ以来 自分以外信じないで仕事をしていた
若い頃はがむしゃらにやってそれなりに評価されていたんだが
いつの間にか時代についていけなくなっていた
そんなものだと思っていたしそれでいいと考えていた
けど…君との話し合いのおかげで
冷静に自分自身を振り返ることができた
ガタ
こんな私に期待してくれてありがとう

君のような
上司と出会えて
よかった!!
大竹さんっ
ぐっ
あの2人
いっつも一緒に
いなくなるよね
怪しい
人妻レーダー発動
なにをっ
禁断の愛っ?
ガーン
そんなわけ
ないですよ

01 フィードバックは難しい？

フィードバックとは、一言で説明すると、**「耳の痛いことを告げて、立て直すこと」**です※7。ここまで、部下を育てるための「仕事の任せ方」4つのステップに従って、**「観察」**で部下を観察して能力や動機を理解し、**「目標契約」**で任せる仕事の全体像や目的をきちんと説明して納得してもらった上で、目標達成の契約をしてもらい、**「振り返り」**で日常的に、あるいは、一通りの仕事が終わった時などに、自分の経験を振り返り、過去、現状、目標を意識化させ、整理する機会を与えて、経験から自分なりの教訓を導きだす、ということをやってきました。

「仕事の任せ方」最後のステップは、**「フィードバック」**です。任せた仕事がうまくいけば、「振り返り」を行い、「頑張ったね。次もよろしくね」で済みますが、うまくいかない場合には、マネジャーが「フィードバック」を行い、「部下の行動やパフォーマンスを立て直す」必要があります。

フィードバックとは、結果を相手に返し、うまくいかなかった部分を改め、立て直しを

※7　中原淳（2017）『フィードバック入門 耳の痛いことを伝えて部下と職場を立て直すための技術』PHP ビジネス新書

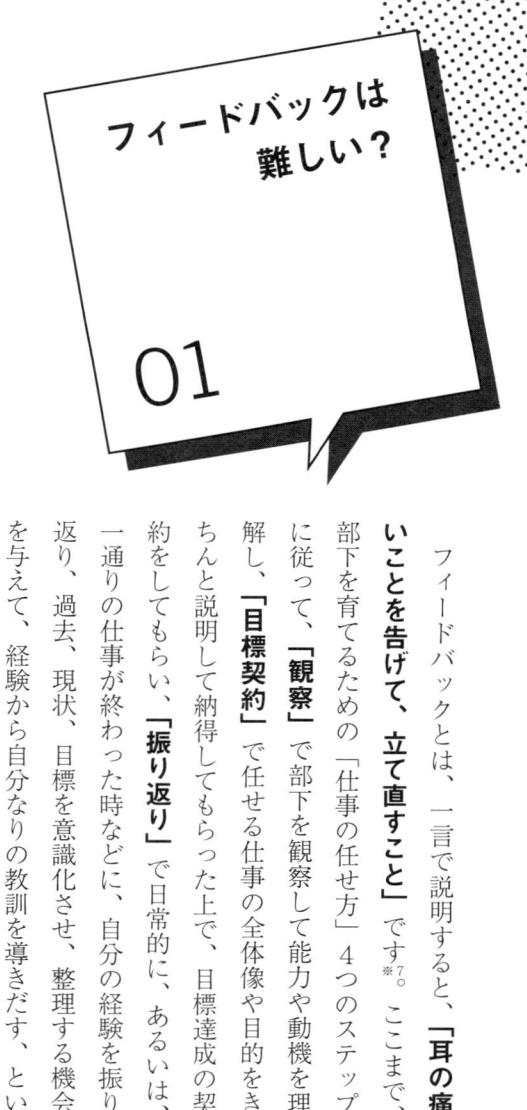

図るために、耳の痛いことであっても、ありのままを告げ、改善につなげるものです。問題を抱えた部下や、能力・成果の上がらない部下の成長を促すためには、自分の経験を振り返ることで気づいてもらったり、褒めて伸ばしたりするだけではなく、現実を直視させたり、厳しいことを告げて、立て直しを図ることが必要なのです。

なぜ、部下の成長にフィードバックが必要なのでしょうか。それは、**自分一人では問題点に気づくことができず、立て直しを図ることが難しいこともある**からです。

以前、工学部の先生に伺った話では、真っすぐ上へ飛んでいるように見えるロケットも、実際は少しずつ曲がってきてしまうため、常にフィードバックをかけ、軌道修正をくり返して

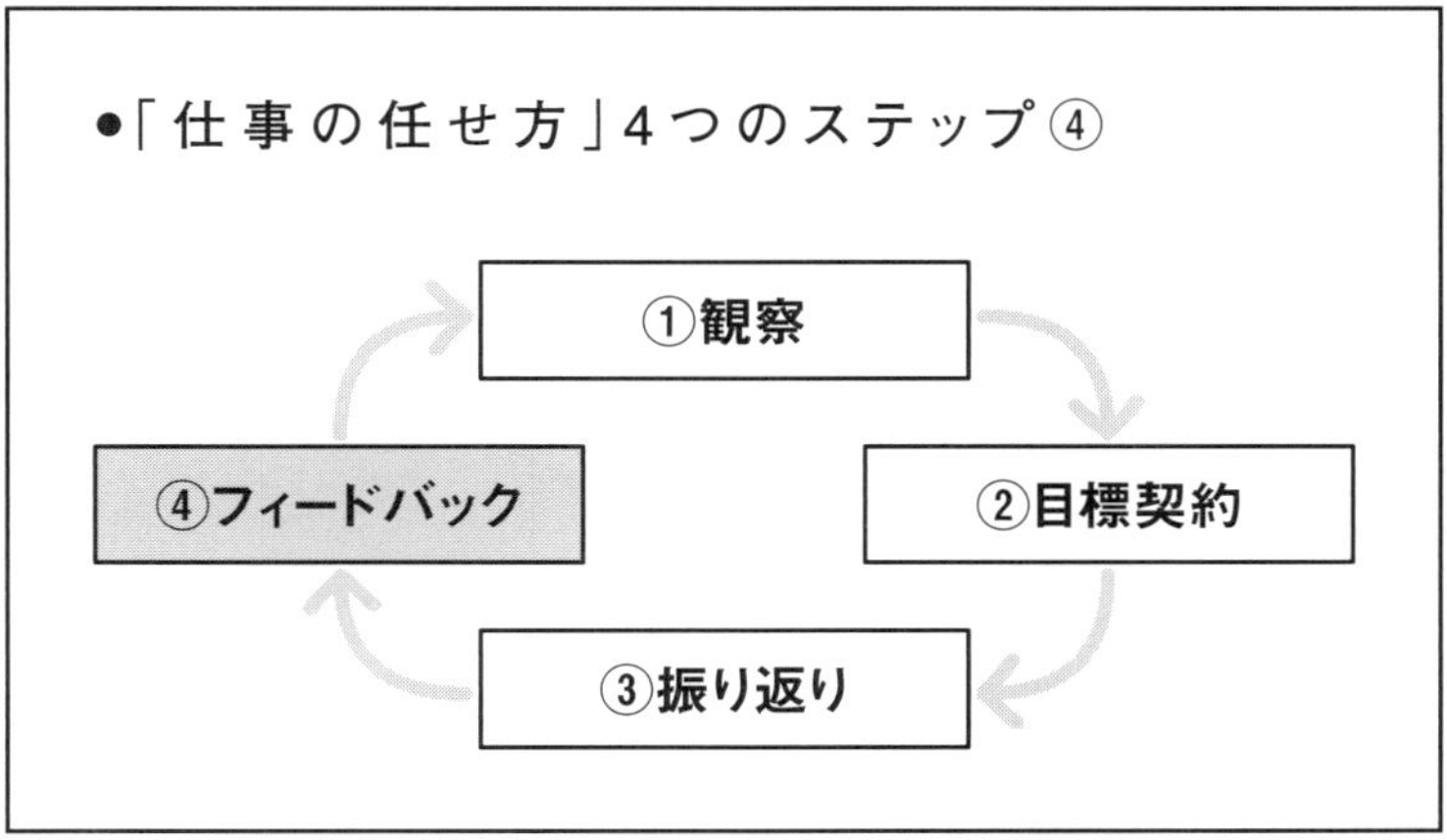

●ロケットにもフィードバックが必要

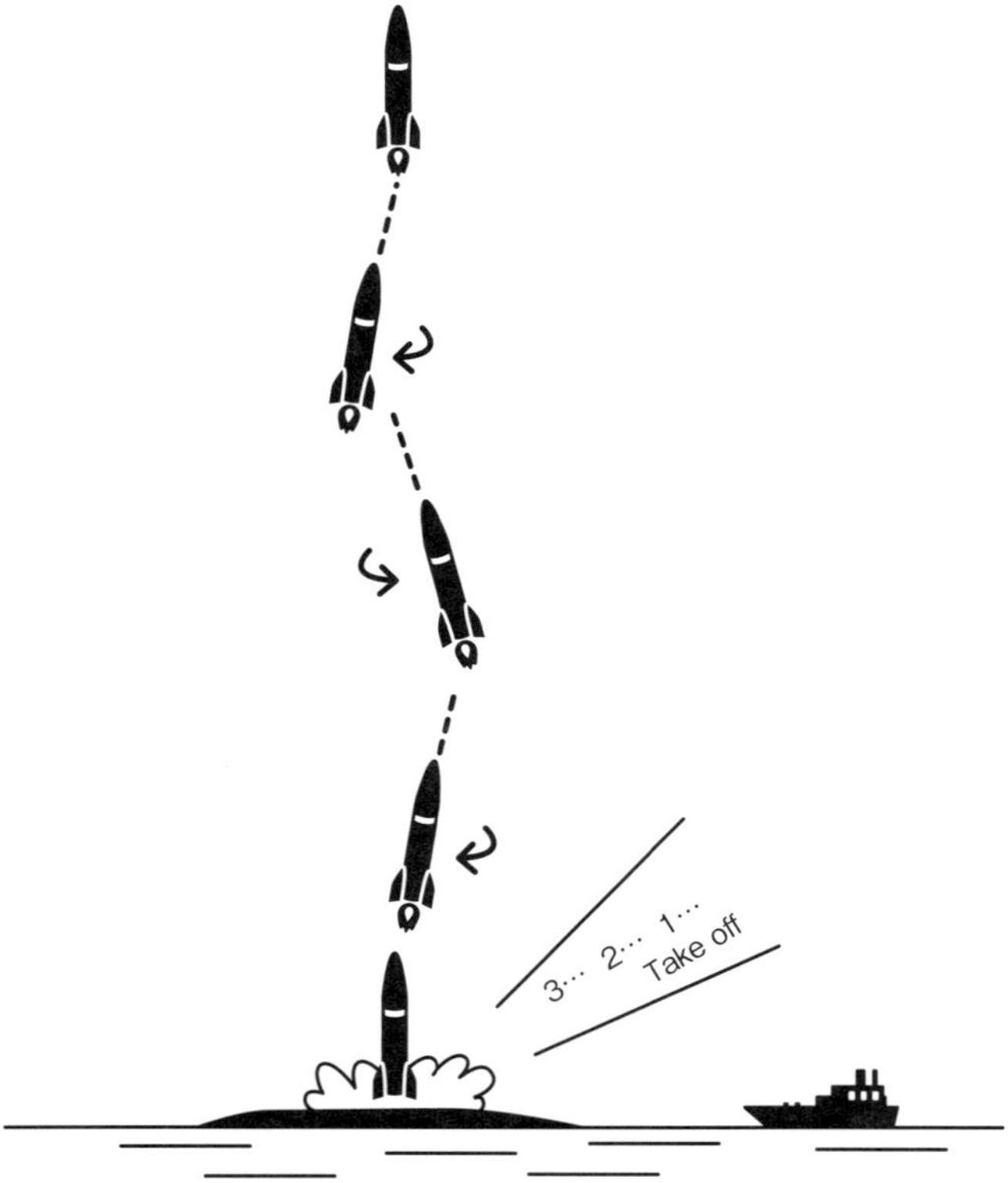

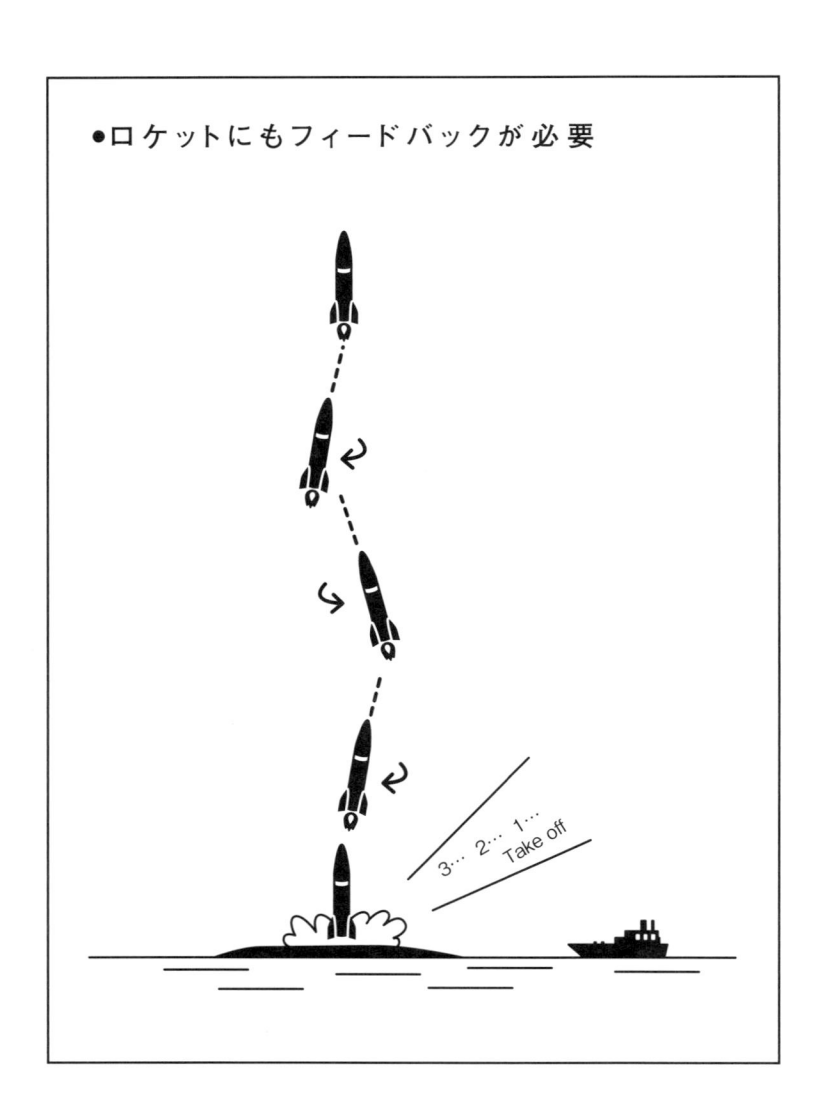

いるそうです。つまり、ロケットはまっすぐ飛んでいるようでも、そうではなく、実際はズレた軌道を修正しながら飛んでいるというのです。このことは部下を育てる際でも同じです。独りでまっすぐ飛んで成果を出せる部下は、なかなかいないものです。ロケットと同様、部下も自分一人では軌道が曲がってきていることに気づくことができません。誰かが「少し曲がっているよ」「方向はこっちだよ」とフィードバックをかけていかないと、どんどんずれた方向に進んでいってしまうのです。

しかしながら、こうした軌道修正の大切さを実感しながらも、現場では「フィードバックは難しい」と避けられる傾向にあります。確かに、部下に対してうまくいかなかった部分、つまり耳の痛い話をするのは気の進まないことです。特に昨今では、年上の部下、外国人、さまざまな雇用形態の人など、同じ職場に多様な人材が集っていることも珍しくなく、また、パワハラやセクハラなどへの意識も高まっていることもあり、部下に対してどのように接すればいいのか、多くの人が頭を悩ませています。また、「相手を傷つけるかもしれないことを言いたくない」「耳の痛いことを言うといっても、どこまで言っていいのかわからない」という思いから、「あまり厳しいことは言わないようにしている」「自分から気づいてもらえるまで待つようにしている」という人も少なくありません。

さらに、フィードバックに対する誤解もあるように思います。フィードバックといえば、期末の評価面談で、「あなたはC評価です」などと厳しい評価を突きつけることである、といったネガティブなイメージをもっている方も多いようです。

しかし本来、フィードバックは単にA、B、Cといった評価を通知するだけではなく、何がどんな状況でどうダメなのか、ということをなるべくわかりやすく指摘し、その立て直しのお手伝いをすることを含んでいます。

フィードバックとは単に「耳の痛いことを告げ」るだけでなく、「立て直すこと」を含んでいることを意識し、部下の成長を支援することであると前向きにとらえていただきたいと思います。

では、このことを念頭におきつつ、次は具体的なフィードバックの方法に入っていきたいと思います。

※以降の記述は、中原淳著『フィードバック入門』（ＰＨＰビジネス新書）を参考にしています。

フィードバックの進め方 02

フィードバックは「耳の痛いことを告げて立て直すこと」であると、ご説明しました。だからといって、面談の場で、いきなり「あなたの営業スタイルは古すぎる。やり方を改めてください」などと切り出しても、反感を買うだけです。

　フィードバックは効果的な部下育成方法ですが、やり方を間違えると反発を招いてしまい、逆効果となる場合もありますので、慎重に段階を踏んで進めていくようにしたいものです。

　フィードバックを行う場合、大まかに、以下のような流れで進めると良いでしょう。

⇩

【事前】……情報収集：SBI情報の収集

まず、「いきなりフィードバックをしようとしない」ということが重要です。**フィードバックの成否を決めるのは、事前の情報収集です。**

Part1「観察する」では、部下を観察して能力や動機を理解する方法について詳しく述べていますので、ぜひその部分も参考にしてください。ポイントは、Part3「振り返り（リフレクション）」でも触れていた「SBI情報（Situation＝どのような状況でBehavior＝部下のどのような行動が、Impact＝どんな影響をもたらしたか、何がダメだったのか）」です。

SBIを意識して、部下の行動を観察し、「A社に営業に行った際（Situation＝どのような状況）、顧客向けの資料の印刷がされてなかっ

●フィードバックの進め方

【事前】… 情報収集 ： SBI情報の収集

⇩

【フィードバック】

①信頼感の確保

②事実通知：鏡のように情報を通知する

③問題行動の腹落とし：対話を通して現状と目的のギャップを意識させる

④振り返り支援：振り返りによる心因の探求、未来の行動計画づくり

⑤期待通知：自己効力感を高めて、コミットさせる

⇩

【事後】… フォローアップ

たために（Behavior ＝部下のどのような行動が）、検討用の資料を顧客に渡せなかった（Impact ＝どんな影響をもたらしたか）」など、具体的な行動、活動の情報や数字などのデータを集めておきましょう。場合によっては、メモなどにまとめておくと、フィードバックの際に思い出すことができます。

⇩【フィードバック】

①信頼感の確保

「耳の痛いことを告げる」フィードバック面談は、話が周囲から聞かれることのないよう、個室か職場から離れた落ち着いた場所を選び、通常は上司と部下の1対1で行います。密室で上司と1対1で向きあうことは、部下にプレッシャーを与えます。まずは、雑談など比較的話しやすい話題で、過剰な緊張感をほぐし、「この場は怖い場ではないんだな」と安心感、信頼感を確保するようにします。ただし、変にリラックスした雰囲気になってしまっては、「耳の痛いこと」を告げにくくなって

しまいます。

「大事な話がある」というシリアスな雰囲気は崩さないようにしてください。

②事実通知：鏡のように情報を通知する

次に、「今日はあなたの行動で少し残念に思っていることがあるので、そのことについて一緒に話し合いたいと思います」「今日はあなたの仕事のやり方について改善してほしいと思っていることがあるので、一緒に改善策を考えていきたいと思います」などと切り出し、相手に問題と思っている「SBI情報」を正確に、かつ論理的に伝えます。その際、重要なのは、曖昧で不確かな話をしたり、一方的に決めつけるような言い方をしないことです。**起きている事実だけを「鏡のように」淡々と伝えることに徹してください。**

その際は、「〜のように見えますが、これについて、あなたはどう思いますか？」というのがおすすめのフレーズです。「あなたが契約が取れていないのは、ただお客様に資料を渡すだけで、製品のメリットについて伝えきれていないからです」と言い切ると詰め寄るようなニュアンスになりますが、「あなたが契約が取れていないのは、ただお客様に資料を渡すだけで、製品のメリットについて伝えきれていないからではないかと、私には見えるのですが、これについてはどのように思われますか？」とすると、部下にも言い分を主張する余地が残るような言い回しになります。**部下にも言い分をしっかりと口にさせ、その後の対話にもちこむ**ことが重要です。

「耳の痛いこと」を伝える際に、「最初に褒めてから、ネガティブな話をした方がいいのか」「ネガティブな話をした後に、フォローするように褒めた方がいいのか」は、研究者の中でも議論の分かれるところで、結論は出ていません。時と場合にもよるので、一概にこうすればいい、というセオリーはありませんが、フォローのつもりで褒めすぎたために、一番大切な「耳の痛い通知」を忘れてしまう、ということもあるようです。大切なことは、**どうフォローするかではなく、事実を「鏡のように」伝える**ということです。ネガティブ、ポジティブという枠組みにとらわれるよりは、あなたが思うリアルを「鏡」のように伝えましょう。ポジティブなリアルがあるようでしたら、それをそのまま伝えればよいのです。

③問題行動の腹落とし：対話を通して現状と目的のギャップを意識させる

「耳の痛い」SBI情報を告げられた部下は、どんな様子ですか？　部下の言葉だけでなく、顔、目、手などの動きを観察し、部下の反応をしっかりと見てみてください。

もしかしたら、何も言わず、ただ苦々しい表情でうつむいているかもしれません。しかし、それだけで「伝わった、理解してもらった」ということにはなりません。マンガの中でも、三鷹が麻理奈に「言ったことは聞いているに違いない」「聞いたことは腹落ちしているに違いない」というのはマネジャー側の思い込みであると、指摘していました。部下にとっては、「言われたけど聞いていない」「聞いてるけど腹落ちしていない」ということがほとんどなのです。

そこで、必要なのが**対話**です。「どうですか?」とか「どう思われますか?」と、問いかけつつ、相手の話をじっくりと聞き、相手の理解と自分の理解が違うところを指摘しながら、時間をかけて相互の理解が一致するところまで話し合いをするのです。話を聞くときは、「後輩が休暇に入って、忙しかったんだね」などと相手の言葉をおうむ返しでリピートし、一度受け止めてから「でもね……」と、返していくよう

にします。話し合いを進めながら、現在の状況と「目標契約」でコミットした目標とのギャップを意識してもらうようにします。

場合によっては、何度も話し合いが必要になる可能性もありますが、ここで**部下に「どこが問題なのか」「目標とのギャップがどれほどあるのか」をしっかり理解し、腹落ちしてもらわなければ、行動を変えることができません。**時間をかけてじっくりと行いましょう。

④振り返り支援：振り返りによる真因の探求、未来の行動計画づくり

「対話」を行うことで、「自身の行動に問題があること」「目標とのギャップがあること」を理解し腹落ちする段階まできたところで、やるべきことはそうした自分の行動を自分自身で振り返り、今後、どうすればいいのか、新たな行動計画や目標を作り出していくことです。

仕事経験についての「振り返り」を行うことが、成長につながるということは、Ｐａｒｔ３で詳しくお話しした通りです。成功経験であっても、失敗経験であっても、それを最大限に生かすためには、「振り返り」が必要です。場合によっては、対話を通じて問題行動の腹落としを行う中で、「振り返り」を促していってもよいかとは思いますが、いずれにし

ても、マネジャーからその事実を通知するだけでなく、一度、自分自身の言葉で自分の過去あるいは現在の状況を語ってもらい、きちんと「振り返り」を行うことが不可欠です。「振り返り」を行う際は、やはり「What?（何が起こったのか？）」「So what?（それはなぜなのか？）」「Now what?（これからどうするのか？）」というプロセスを意識し、問題の真因を突きとめた後に、必ず新たな行動計画、目標を決めてもらうようにします。

⑤期待通知：自己効力感を高めて、コミットさせる

ここまで、「耳の痛いこと」を告げられ、マネジャーとの対話や振り返りにより自身が抱える問題に直面させられた部下は、フィードバックにより新たな行動計画、目標を決めたとしても、本当に実行できるかどうか自信を持てずにいます。

そうした部下に対し、最後はなんとか少し自信（自己効力感：やればできる感覚）を持ってもらい、ヤル気になって、フィードバックを終わるようにしたいものです。そこで、伝えるべきことは、「サポート」と「再発予防」そして「期待」の３つです。

「サポート」

これから新しい行動計画、目標に挑戦する部下に「しっかりサポートしますよ」「何か

あったら相談に乗りますよ」と援助を約束し、「独りではない」と感じてもらうようにします。

「再発予防」

問題行動やミス、トラブルを起こす人の中には、何度も指摘を受けながらなかなか改善できずにいる、という人も多くいます。そうした人に対して、「次やったら承知しないぞ」と言ったところで、あまり意味がありません。それよりは、再発を前提に「今度再発したらどうするのか」と、「予防策」を考えさせるようにします※8。「また同じミスをくり返しそうになったら、自分はどう対応するのか」を考えてもらう方が、「絶対にミスをしない」と考えるよりも、再発の可能性が相対的に低くなります。

「期待」

行動を変えることは簡単なことではありませんが、絶対できないことではありません。自分で決めた行動計画、目標ならば、「きっとできるはず」と期待の言葉をかけ、希望を持ってフィードバックを終えるようにします。

※8　Robert D. Marx（1982）Relapse Prevention for Managerial Training: A Model for Maintenance of Behavior Change. Academy of Management journal. Vol.7 No.2 p433-441

⇩【事後】……フォローアップ

フィードバックは、通知して終わりではなく、通知した後が始まりです。部下にとっては、ここからが**「立て直し」のスタート**です。マネジャーは部下が新しい行動計画、目標に向けて取り組みができているかを観察、評価し、しっかりとフォローしていく必要があります。

フィードバック面談も1度で終わらせる必要はありません。「振り返り」に時間がかかってしまう場合もありますし、時には、部下が沈黙してしまい、面談が進まなくなってしまう、などということも起こります。そんな時は、無理して続けるのではなく、また日を改めて面談を行いましょう。また、行動計画、目標に向けた取り組みがどの程度できているかをフォローアップする面談も必要です。そこで、面談終了時は、次回面談の予定を決めることも忘れずに行うようにします。

●期待通知

自己効力感を高めて、コミットさせる

① サポート

② 再発防止

③ 期待

フィードバック実践編 03

・フィードバックはいつ、どの位行うべきか

フィードバックはどんなタイミングで行うのが効果的でしょうか。基本的には何かあったらすぐ行う、**「即時フィードバック」**が原則です。即時は難しくても、フィードバックが必要だと感じることがあったら、なるべく早くその機会を設けることが重要です。問題行動やトラブル、ミスなどが起こった後すぐの方が、そのできごとについての印象も強く、「振り返り」もしやすいからです。

ただ、急ぎすぎると、事実関係がわからないまま、感情的にフィードバックを行うことになってしまう可能性もあるので、ある程度落ち着いてからタイミングを見てフィードバックを行うようにしましょう。

一方、長いプロジェクトが一段落した時や年度の変わり目、昇進のタイミングなど、仕事や役割の変わり目、節目となるような時期に行うフィードバックも効果的です。こうした節目、すなわち**「移行期（トランジション）」**の直後というのは、「振り返り」にも最適な時期であり、立場的に不安定なこともあって外からの声を受け入れて変わりやすい時

期でもあります。「移行期」には、一度、仕事や働き方などについて棚卸しをしてフィードバックを行うと、新しい仕事、役割に取り組む姿勢が変わります。

では、フィードバック面談には、どの程度の時間をかけるべきでしょうか。これは、ケースバイケースなので、一概に何分、何時間とは言えませんが、想像以上に長くなってしまうものであることは確かです。多くのマネジャーが「想定の倍以上の時間がかかる」と話していますので、1時間のつもりが2時間になってしまうということは、覚悟した方がいいことかもしれません。本当にシビアなフィードバックであれば、ある程度長時間になることを想定するべきですし、場合によっては、仕切り直して2回、3回と行うつもりで臨む必要があります。

・脳内予行演習を行う

1対1で「耳の痛いことを告げ」なければならないフィードバック面談というのは、大きな緊張を強いられるものですし、平常心を保つことも難しいものです。そうした中、部下に対して冷静な対応を行うために、多くのマネジャーたちが行っているのが、**「脳内予行演習」**です。フィードバック面談を行う前に、伝えるべき内容を整理し、「何をどんな順番で、どう話すのか」を、頭の中で面談の模擬練習、イメージトレーニングをしておくのです。また、「部下に言い返されたら、どう答えようか」といったこともシミュレーションしてみましょう。不安が大きければ、メモにして書き出しておくのもおすすめです。少しでも準備をして臨むのと、何も準備をせずに臨むのでは、気持ちの面でも大きく違いますので、できる範囲でやってみてください。

・フィードバック内容は記録する

フィードバック内容は毎回必ず記録に残すようにしてください。フィードバックは、一度きりで終わることはほとんどなく、フォローアップをしながら、くり返し何度も行っていくものです。よって、次のフィードバックの時に、前回の内容を見返す必要があることの方が多いものです。といっても、すべての発言をメモに残すことはできませんので、どんな話をしたのか、そしてどんな行動計画や目標を決めたのか、といったところは最低限書き留めておきましょう。**部下にフィードバックの内容をまとめてもらい、提出させる**という方法も有効です。部下の視点で残されたメモにより、フィードバック面談をどのように受け止めたのかを知ることができるというメリットもあります。

・フィードバックのストレスと向き合う

部下に対して厳しく「耳の痛い事実」を告げなければならないフィードバック面談には、非常に強い精神的ストレスがかかります。もちろん、「耳の痛い事実」を突きつけられる部下にもストレスがかかりますが、それを告げなければいけないマネジャーもまた辛いものです。どれほどしっかりとした準備をしてフィードバックを行っても、部下はすぐには変わらないどころか、嫌われたり憎まれたりすることもあります。「うっかり感情的になって言い過ぎた」と自己嫌悪に陥ることもあるでしょう。**フィードバックには精神的に大きな負荷がかかることを意識して、体調管理、メンタル面のケアをしっかり行ってください。**

また、フィードバックを行うにあたっては**「部下に嫌われても仕方ない」という覚悟を持つことも必要**です。一時的に嫌われることになるかもしれませんが、誰かが言わなければ部下は成長しませんし、部署の業績も上がりません。**部下を支援して、成長してもらうために「耳の痛いこと」をしっかりと伝えることは、マネジャーの役割**なの

です。マンガの最後で大竹が麻里奈に「こんな私に期待してくれてありがとう」と、感謝しているように、いつか感謝される日が来ることを期待して、嫌われる覚悟を持ちましょう。**マネジャーは「嫌われること」も仕事のうちです。**

マネジメントとは、決して楽な仕事ではありません。時には、**同じ立場のマネジャー同士で集まって情報交換する**のもおすすめです。他の人のフィードバック方法は参考になりますし、他のマネジャーから自分の部下について、意外な情報を得られることもあります。

・どうしてもフィードバックが難しいときは……

残念ながら、どれだけ心を砕いてフィードバックを行ったとしても、改善につながらないどころか、ますます悪化していくケースもあり得ます。それは、フィードバックのやり方に問題がある場合もありますが、個人の問題や相性の問題、組織の問題などで、どうにもならない場合もあるのです。まず私たちは「個人の成

他部署に移ってもらうことも選択肢のひとつとして考えた方がいい
いわゆる血生臭い方法ってやつだ マネジャーは腹をくくって決断することも必要だ
それって つまり—
大竹さんに 戦力外通告しろってこと

長」を信じましょう。しかしどうしても、どうしても改善されない場合も出てきます。私たちは「個人の成長」をまずは信じつつも、「対処不能の個人」が存在することも、潔く認めましょう。マンガの中で、「立て直しをあきらめるなら、他部署に移ってもらうことも、選択肢のひとつとして考えた方がいい」と、三鷹が麻理奈に告げていたように、どんなに頑張ってもフィードバックが奏功しない場合、最終手段として、配置転換、降格、最悪の場合は組織からの退出といった方法も視野に入れておくべきでしょう。

ただ、これらの方法は最終手段ですので、安易に取ることは考えないでいただきたいと思います。**あくまでも、部下の成長を信じ、真摯な態度でフィードバックをくり返していっていただきたい**と思います。

04 タイプ別フィードバック例

「耳の痛いことを告げて立て直すこと」＝フィードバックに絶対の正解はありません。相手により、シチュエーションにより、関係性により、無数のパターンがありますので、ある人にはうまくいった方法が、他の人にもうまくいくとは限らないからです。

とはいえ、多くの先輩マネジャーたちにフィードバックについて聞き取りを行った中には、参考になりそうな対処法が多々ありましたので、ここで部下のタイプ別にいくつかご紹介します。フィードバック方法について悩まれた際の参考にしていただけたらと思います。

⇩「上から目線」部下の場合

「そもそも会社の方針がおかしいんじゃないですか」「そうおっしゃいますが、課長のやり方は効率悪くないですか？」など、フィードバックすると、部下から「上から目線」で、会社や経営幹部の方針や、指示したやり方について批判的な言葉で返されてしまうことがあります。

自分は悪くない、悪いのは上司や会社の方だ、と言わんばかりの態度に、カッとなる気持ちを抑え、ここは冷静になってじっくりと相手の主張を聞きましょう。

こちらから反論することなく、「なるほど、他に原因はありますか？」「なぜそうなったのだと思いますか？」などと問いかけつつ、**一方的に言い訳をさせていると、必ず、「ほころび」や「論理の矛盾」が出てきます**。自分ができない原因のすべてが、会社や上司など外部に原因がある、などということはありえないからです。

傾聴の技法のひとつである**「リピーティング」**も効果的です。「なるほど、私の指示したやり方の効率が悪かったために納期に間に合わなかったということですね」などと相手の言葉をくり返すことで、「遅れが出てきた段階で修正すればよかったかもしれません……」などと自らの矛盾に気づく可能性もあります。

話を聞き終わった後には「では、君が上司だったら、この職場をどう変えますか？」「もし君が経営者ならどうしますか？」と、問いかけてみましょう。**視点を変えさせる**と、答えに詰まってしまったり、そこで自分の視野の狭さに視点の低さに気づく可能性もあり

ます。

⇩ 「沈黙するお地蔵さん」部下の場合

耳の痛い指摘をすると、黙りこんでしまう人もいます。黙ることで不満、納得のいかない思いを表すタイプです。沈黙が続くと「怒ってるのかな？ 傷ついたのかな？」「言い過ぎだったかな？」などと心配になり、つい誤魔化したり、フォローしたりしてしまい、きちんとフィードバックができずに終わってしまった、ということになりかねません。真剣さを伝えるためにも、**沈黙には、沈黙で返す**のが、まずは正解です。相手が沈黙してきたら、こちらも覚悟して黙って待ってみましょう。沈黙のまま時間が過ぎるにつれ、相手が口を開く、ということもあります。あまりにも沈黙が続いた場合は、改めて面談の機会を持つようにしてもいいでしょう。一度、振り返ったり、考えたりする時間を与えることで、気持ちの整理がつき、スムーズに話ができる可能性もあります。

また、「そもそもマネジャーとして機能していないあなたにいろいろ言われたくない。上司として認めないし、フィードバックなど

を聞く気もない」という思いから、何も言わずに黙っていたり、「大丈夫です」と言って、フィードバックを拒否したりする部下もいます。

そんな部下に対しては、**日々の「観察」が有効**です。日頃から部下の行動を観察し、SBI情報（Situation＝どのような状況で、Behavior＝部下のどのような行動が、Impact＝どんな影響をもたらしたか）を細かくメモに取っておくようにしましょう。「期初の会議で、君はこんなことを言っていたね」「先月A社へは1回しか訪問していないよね」など、データや具体的な内容をきちんと押さえつつ、今回のフィードバックに至った経緯を説明していけば、**「自分のことをきちんと見ているんだ」**と一目を置くようになり、話を聞くようになってくるでしょう。何を話しても、「大丈夫です」と答え、フィードバックを拒む人に対しても、「どうして大丈夫だと思うのですか？」「大丈夫だと思われているのですね。それはなぜですか？」と問いかければ、向き合わざるを得なくなります。

⇩「挑戦しない傍観者」部下の場合

フィードバックに対し、「私の仕事だとは言われてなかった」「マニュアルになかった」「先輩から指示がなかった」など、「自分の責任ではない」と言い逃れをする人もいます。

こうした「受け身」タイプの人には、「あなたも大切なメンバーの一人。だから、期待もしているし、その分、責任も感じてほしい」と、責任ある立場であることを伝えましょう。そして、「あなたも当事者のひとりとして、何ができたと思いますか？」と、**当事者として問題と向き合えるような問いかけ**をしてみましょう。

また、リスクを恐れるあまり、新しいプロジェクトへの参加など、挑戦を避け、現状維持を貫こうとする人もいます。「仕事はほどほどでいいんです」「現場が好きなのでこのままでいいです」といった部下を奮起させるにはどうすればいいでしょうか。一つの方法としては、将来のキャリア展望について語り、「挑戦することに対するメリット」と「現状に踏みとどまることによるリスク」を知らせるという方法があります。それと共に、挑戦することに対してどのような恐れを抱いているのかを話してもらい、そのリスクを軽減する方法について話し合う、ということを行うとよいでしょう。

⇩「経験豊富な年上部下」の場合

昨今、「年上の部下へのフィードバック」に悩んでいるマネジャーは非常に多いようです。特に、「元トップ営業マン」「元最新プログラミング技術の専門家」、「別の分野で非常に活躍した人」などの「過去の栄光」を背負っている人の場合は余計に難しいものです。

年上の部下の場合、**年長者への敬意は保ちつつ、言うべきことは言う**、という態度が必要です。「昔は素晴らしかったことは存じていますが、評価の対象としているのは、今のあなたです」ということをはっきりと伝え、「今、成果を出すためにはフィードバックを受け取り、行動を改めてもらう必要があります」と伝えましょう。

相手は強烈な成功体験を持っていて、プライドもあるはずですから、「君のような若い人から言われたくない」と反発される可能性もあります。その場合は、「私も言いにくいところがあるのですが、立場上、こう言わざるを得ないので、言わせていただきます」と、リスペクトはしているものの、組織内の役割として仕方なく言っている、というニュアンスで伝えるようにしましょう。

相手は、酸いも甘いも知り尽くしたベテラン。組織というものがどんなものかは理解しているはずですので、礼儀は尽くしつつ、誠意をもって説得していけば、少しずつ心を開

いてくれることでしょう。むしろ、遠慮しすぎて言うべきことを言わずにいる方が、問題がこじれて、かえって相手に対して失礼なことになりかねません。**どんな小さなことでも臆さず率直に伝える**ようにしていきましょう。

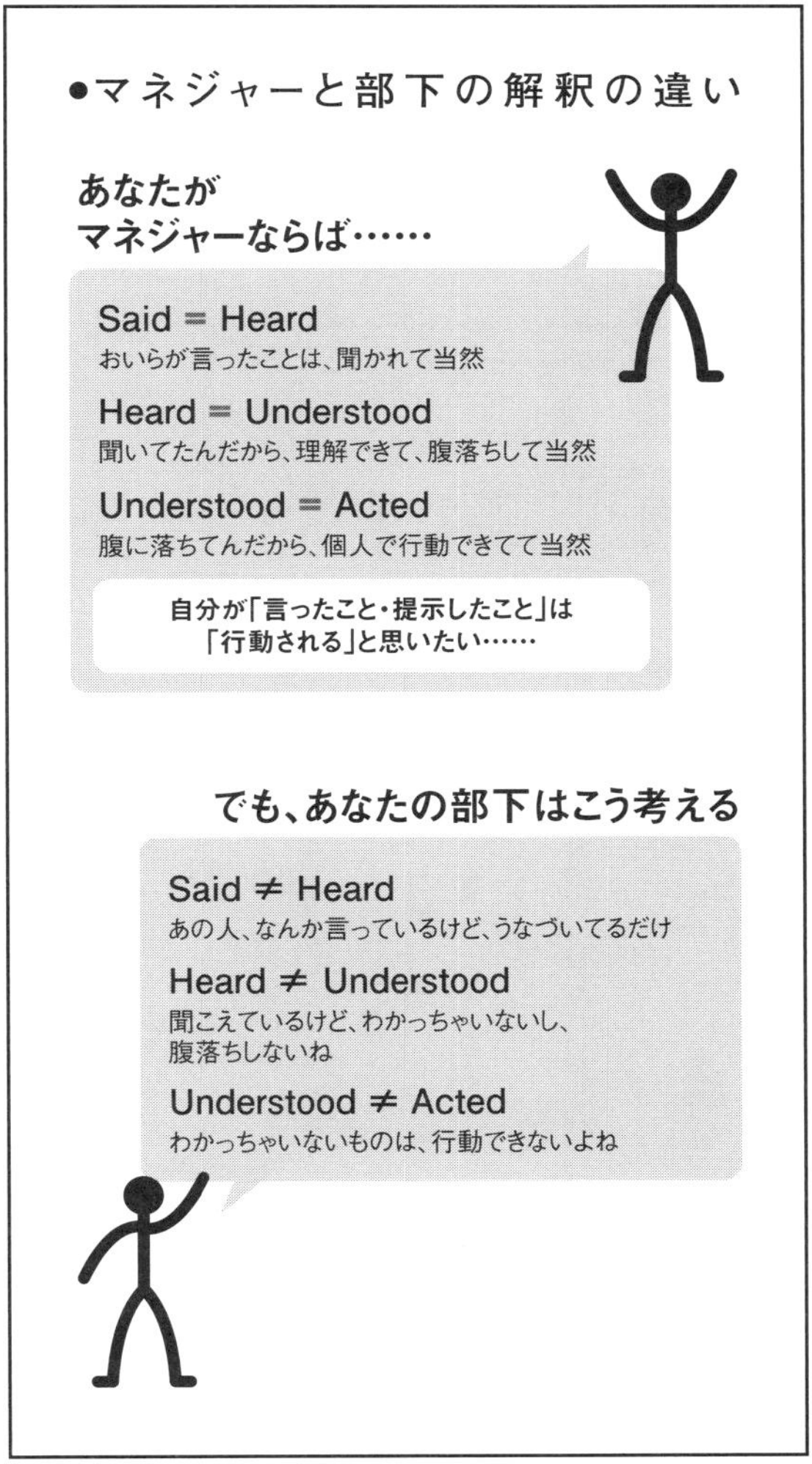
●マネジャーと部下の解釈の違い
あなたが
マネジャーならば……
Said = Heard
おいらが言ったことは、聞かれて当然
Heard = Understood
聞いてたんだから、理解できて、腹落ちして当然
Understood = Acted
腹に落ちてんだから、個人で行動できてて当然
自分が「言ったこと・提示したこと」は
「行動される」と思いたい……
でも、あなたの部下はこう考える
Said ≠ Heard
あの人、なんか言っているけど、うなづいてるだけ
Heard ≠ Understood
聞こえているけど、わかっちゃいないし、
腹落ちしないね
Understood ≠ Acted
わかっちゃいないものは、行動できないよね

Epilogue
マネジャーになれてよかった
IRAIKEN
ここのお店美味しいんだって
めしログってサイトに載ってるよ
来々
じゃあ食べてみようか！
来々軒
みなさん！聞いてくださいっ！
さっきうちの英語サイト使っている外国人いましたよ！
ガチャッ
ジャストタイミングで目撃しちゃいました！
ハッピーッス！
そりゃいるでしょ
無理矢理カタカナ使わなくても…
けど評判いいわよ！
アクセス数も増えてるし

みんなが頑張ってくれたおかげね！
ありがとう！
こちらこそありがとうございます
え…
一条さんが僕たちを信じて任せてくれたから
頑張ることができたんです
このチームでよかったです！

レストラン
マネジメント
ううう…
なんてこと言ってくれたんですよ〜!
泣きそうになっちゃいました〜!
だー
泣いたらいいんじゃないか?
マネジャーなんだから泣けませんよ!
なにいってんですか
けど感動しちゃいました
それよりなんですかその格好…
コックだよ?
それはわかるんですが…
まさか三鷹さんがレストランを開店するとは…
そのために勉強してたんだ
そうだったんだ…
レストラン
マネジメント
祝開店
じゃあ 私たちが最初に習ったコロッケお願いします!
よろこんで!
じゃあああ…
けど人の出会いって面白いですね
え…?

もし三鷹さんと出会わなければきっとプロジェクトは失敗してたし
マネジャーになって部下を成長させないといけないって思ってだけど
マネジャーも部下のおかげで成長させてもらってる
はじめはどうなるかと思ったけど――
マネジャーになれてよかった!
おいおい泣くなよ
泣いてませんっ
よしよし
コロッケお待ち!
プシュウ～…
成長してない…
・・・・
コト

おわりに

「マネジャーとして、部下に成長してもらいたい」と願うのであれば、マネジャー自身も自ら成長する存在でありたいものです。効果的に振り返りを促したり、フィードバックができるようになるためには、マネジャー側もフィードバックの経験を積み重ね、振り返って学んでいくしかないかと思います。

人は、よきフィードバックを受けてこそ、よきフィードバックが行えるようになります。マネジャーや管理職に昇進してしまった人は、その職位の高さから、メンバーや関係者からフィードバックを受ける機会が減ってきます。しかし、そのことは中長期の観点でみると「リスク」でもあるのです。気づけば「うちの会社で管理職ができます」としか、自分の長所やキャリアを説明できない人材になっていくことが予想されます。

常に、自らをフィードバックの中に置くこと

それこそが、管理職にとって重要なことだと私は思います。管理職自身も、「フィードバック」について、あるいは「仕事の任せ方や部下育成」について、上司からフィード

バックを受け、一つ一つの経験を振り返って学ぶことを続けていっていただきたいと思います。

最後になりますが、本書の執筆にあたり、編集の労をとってくださった黒川剛さん、マンガ制作でご協力いただいた浦田雅子さん、シナリオ制作の葛城かえでさん、素敵なマンガを描いてくださった柾朱鷺さん、装丁・デザインのホリウチミホさん、そして文章部分の構成をご担当いただいた井上佐保子さんに、心より感謝いたします。皆様とのコラボレーション、私にとっても、学び多きものでした。本当にありがとうございました。

自らもフィードバックの中にあることを願いつつ、本書を、同時代に生きるすべての人々に贈ります。

中原　淳

【著者プロフィール】

中原 淳（なかはら　じゅん）

東京大学 大学総合教育研究センター 准教授。

1975年、北海道旭川市生まれ。東京大学教育学部卒業、大阪大学大学院 人間科学研究科、メディア教育開発センター（現・放送大学）、米国・マサチューセッツ工科大学客員研究員等をへて、2006年より現職。「大人の学びを科学する」をテーマに、企業・組織における人材育成・リーダーシップ開発について研究している。専門は経営学習論・人的資源開発論。

著書に『職場学習論』、『経営学習論』（ともに東京大学出版会）、『駆け出しマネジャーの成長論』（中公新書ラクレ）、『会社の中はジレンマだらけ』（本間浩輔氏との共著、光文社新書）、『フィードバック入門』（PHPビジネス新書）など多数。

Blog：NAKAHARA-LAB.NET
（http://www.nakahara-lab.net/）
Twitter ID : nakaharajun

構成／井上佐保子
編集協力／MICHE Company, LLC
シナリオ制作／葛城かえで
カバーイラスト・作画／柾　朱鷺

マンガでやさしくわかる部下の育て方

2017年8月10日　　初版第1刷発行

著　者 —— 中原 淳
© 2017 Jun Nakahara
発行者 —— 長谷川 隆
発行所 —— 日本能率協会マネジメントセンター
〒103-6009 東京都中央区日本橋2-7-1 東京日本橋タワー
TEL 03 (6362) 4339 (編集)／03 (6362) 4558 (販売)
FAX 03 (3272) 8128 (編集)／03 (3272) 8127 (販売)
http://www.jmam.co.jp/

装丁／本文デザイン・DTP——ホリウチミホ（ニクスインク）
印刷／製本——三松堂株式会社

本書の内容の一部または全部を無断で複写複製（コピー）することは、法律で認められた場合を除き、著作者および出版者の権利の侵害となりますので、あらかじめ小社あて許諾を求めてください。

ISBN 978－4－8207－1974－8 C2034
落丁・乱丁はおとりかえします。
PRINTED IN JAPAN

JMAMの本

マンガでやさしくわかる課長の仕事

小倉 広 著
阿部 花次郎 作画

営業所長として赴任した先は、今期目標達成できないと閉鎖されることが決まっており、メンバーも一癖・二癖ある人たちばかり…。課長(=初級管理職)としてやるべき仕事を4つに分けて、マンガのストーリーとともに解説します。

四六判　224頁

マンガでやさしくわかる仕事の教え方

あべかよこ 著
関根雅泰 監修

ふとしたきっかけで、つぶれかけた老舗温泉旅館の女将代理となり、従業員を教育することで復活を目指していきますが、うまく教えられずにもどかしいことばかり…。部下・後輩を育てるために必要な“教え方”のメソッドを、マンガのストーリーとともに解説します。　四六判　208頁

マンガでやさしくわかる傾聴

古宮 昇 著
葛城 かえで シナリオ制作
サノ マリナ 作画

人間関係がよくなる、仕事に役立つなど、周囲とのかかわりに変化が訪れる「傾聴」の心がまえから実践方法まで、あらゆる場面で使える基礎スキルを、マンガのストーリーとともに解説します。

四六判　208頁